Copyright© 2021 by Literare Books International.
Todos os direitos desta edição são reservados à Literare Books International.

Presidente:
Mauricio Sita

Vice-presidente:
Alessandra Ksenhuck

Capa:
Ananda Sette

Diagramação:
Gabriel Uchima

Revisão:
Camila Oliveira

Diretora de Projetos:
Gleide Santos

Diretora Executiva:
Julyana Rosa

Relacionamento com o cliente:
Claudia Pires

Impressão:
Vox

Dados Internacionais de Catalogação na Publicação (CIP)
(eDOC BRASIL, Belo Horizonte/MG)

C763 Contos que curam / Coordenação editorial Claudine Bernardes, Flávia Gama. – São Paulo (SP): Literare Books International, 2021.
16 x 23 cm

ISBN 978-85-9455-176-4

1. Cura. 2. Medicina alternativa. 3. Medicina e psicologia. 4.Saúde holística. I. Bernardes, Claudine. II. Gama, Flávia.

CDD 610

Elaborado por Maurício Amormino Júnior – CRB6/2422

Literare Books International Ltda.
Rua Antônio Augusto Covello, 472 – Vila Mariana – São Paulo, SP.
CEP 01550-060
Fone/fax: (0**11) 2659-0968
site: www.literarebooks.com.br
e-mail: contato@literarebooks.com.br

Introdução
[ou manual para aproveitar o seu livro]

> "Oh! Bendito o que semeia livros... livros à mão cheia... E manda o povo pensar! O livro caindo n'alma é germe – que faz a palma, É chuva – que faz o mar."
> **Castro Alves**

A proposta deste livro não é ser apenas uma leitura a mais. Você encontrará nas seguintes páginas um material valioso de desenvolvimento prático do seu trabalho, seja como educador(a), psicólogo(a), *coach*, contador(a) de histórias etc.

Por essa razão, antes de ler as oficinas que encontrará no interior desta obra, leia esta parte introdutória, assim poderá compreender melhor como aplicar cada uma em conjunto com a metodologia utilizada nas criações, a contoexpressão.

O objetivo das oficinas, que você encontrará nas seguintes páginas, é ajudar no desenvolvimento das capacidades socioemocionais de crianças, adolescentes e adultos. Elas foram criadas por uma equipe multifuncional formada por profissionais de diversas áreas (professores, psicólogos, psicopedagogos, *coaches*, contadores de histórias), após a realização do curso de *Contoexpressão: educação emocional e terapia através de contos*, ministrado pela criadora da técnica, Claudine Bernardes.

Mas antes de falar sobre a contoexpressão e as ferramentas que a compõem, consideramos importante adentrar no maravilhoso mundo dos contos, para compreender melhor a função desenvolvida no consciente e inconsciente tanto de crianças como de adolescentes e de adultos.

O poder terapêutico e educativo dos contos

Sempre que falamos de contos de fadas, ou contos em geral, pensamos neles como uma forma de entreter e divertir as crianças. Porém, são mais do que um instrumento de diversão para crianças, já que ajudam no desenvolvimento integral e continuam o seu labor de estímulo durante toda a vida da pessoa, conforme veremos a seguir.

Também é importante esclarecer que utilizaremos o termo conto como forma geral para o gênero narrativo, incluindo nessa segmentação contos de fadas, contos modernos, fábulas, mitos, parábolas, lendas etc.

A pessoa (como leitor ou ouvinte) encontra significados nos contos, pois eles transmitem importantes mensagens à mente consciente e à inconsciente. Essas histórias encorajam o seu desenvolvimento ao mesmo tempo em que aliviam pressões conscientes e inconscientes. À medida em que as histórias se desenrolam, dão espaço à consciência, mostrando caminhos para satisfazer as necessidades e desejos, de acordo com as exigências do ego e superego. Ocorre uma transformação interior que acaba transcendendo sobre toda a vida do indivíduo.

A psicanálise foi a primeira disciplina a admitir as complicações decorrentes da divisão do sujeito: consciente e o inconsciente. Porém, dentro do mundo literário, sabemos que isso é um fato consumado, já que a literatura cria personagens contraditórios, nem sempre com uma síntese.

De acordo com Jung, o inconsciente se expressa, primeiramente, por meio de símbolos. O símbolo representa a situação psíquica do indivíduo numa dada circunstância, podendo ser algo familiar da vida cotidiana. Uma palavra ou imagem é simbólica quando envolve alguma coisa além do seu significado óbvio e imediato.

A linguagem simbólica é um valioso recurso que se esconde por trás da simplicidade das histórias e que é usada para explicar problemas, etapas ou fatos por meio de símbolos ou imagens direcionadas ao inconsciente humano, sugerindo possibilidades e alternativas. Graças a essa linguagem específica, as crianças veem as suas preocupações e desejos expressos. Atualmente, usamos essa linguagem para representar coisas que não estão ao alcance do entendimento humano, isto é, coisas que não podemos explicar com fatos.

> Usamos termos simbólicos constantemente para representar conceitos que não podemos definir ou compreender de forma alguma. Essa é uma das razões pelas quais todas as religiões usam linguagem ou imagens simbólicas. Mas esse uso consciente de símbolos é apenas um aspecto de um fato psicológico de grande importância: o homem também produz símbolos inconsciente e espontaneamente na forma de sonhos. (Carl G. Jung, 1995)

A linguagem simbólica nos transporta para o seu interior pela força do seu sentido, do seu apelo emotivo e afetivo, sem nos persuadir ou convencer com argumentos e provas.

Existem centenas de estudos que corroboram a importância dos contos para o desenvolvimento integral do ser humano. Segundo Wilhelm Grimm:

> Os contos de fadas infantis são narrados para que, com sua luz pura e suave, os primeiros pensamentos e forças do coração despertem e cresçam. Mas como a qualquer pessoa, sua poesia simples pode alegrar e sua verdade pode ensinar e, por ser no aconchego do lar que esses contos continuam sendo narrados e se transmitem de geração para geração, eles são chamados de contos de fadas de família. O conto de fadas fica afastado do mundo, num local cercado, tranquilo, de onde ele não espia para lado algum. Por isso, desconhece nomes e lugares, nem mesmo tem uma terra natal definida... é algo que pertence a uma pátria comum.

Segundo Bruno Bettelheim (2013), o conto de fadas tem um efeito terapêutico, pois a criança encontra uma solução para as suas incertezas, por meio da contemplação do que a história parece implicar acerca dos seus conflitos pessoais nesse momento da sua vida. O conto de fadas não informa sobre as questões do mundo exterior, mas sim sobre processos internos que ocorrem no cerne do sentimento e do pensamento.

O conto de fadas garante à criança que as dificuldades, os perigos e as fatalidades possam ser vencidos por todos os que pretendem vencer na vida. E a criança, que é desprotegida por natureza, sente que também pode ser capaz de superar os seus medos, angústias e desconhecimentos. Portanto, poderá aceitar com otimismo as decepções e desilusões que vai encontrando, pois sabe que, tal como acontece nos contos, os esforços por vencer darão a recompensa desejada.

> É exatamente esta a mensagem que os contos de fadas trazem à criança, por múltiplas formas: que a luta contra graves dificuldades na vida é inevitável, faz parte intrínseca da existência humana – mas que se o homem não se furtar a ela, e com coragem e determinação enfrentar dificuldades, muitas vezes inesperadas e injustas, acabará por dominar todos os obstáculos e sair vitorioso. (BETTELHEIM, 2013, p.16).

Sendo assim, os contos possuem ao menos cinco funções ou utilidades que influenciam a vida do ser humano:

1. Mágica: estimular a imaginação e a fantasia;
2. Lúdica: entreter e divertir;
3. Ética: transmitir ensinamentos morais e identificar valores;

4. Espiritual: compreensão de verdades metafísicas e filosóficas;
5. Terapêutica: encontrar nos personagens e situações referências para a nossa vida. Encontrar também orientação para compreender o nosso mundo interior e conflitos.

Tendo em vista que este livro e as oficinas que constam nele têm um objetivo psicopedagógico, é importante ressaltar que, ao trabalhar com os contos, o professor/educador, psicólogo ou terapeuta deverá apresentá-los, permitindo que os participantes/ouvintes manifestem suas opiniões e preferências, sem nunca julgar ou questionar negativamente. Devendo estar atento à preferência ou rejeição em relação à determinada história.

É importante não interferir de forma avassaladora nas descobertas e nas experiências dos ouvintes/participantes, impondo atribuições de significados, uma moral ou um sentido único para a história. Ao impor uma interpretação, obrigamos eles a aceitarem uma interpretação tendenciosa, ou seja, que foi construída por meio da nossa realidade e experiência vital. Porém, cada pessoa é única, e para que o conto tenha um efeito realmente terapêutico, deve conectar-se de forma livre com os símbolos internos do ouvinte e, a partir do seu mundo interior, fazer crescer uma compreensão e conhecimento que poderão gerar uma mudança de pensamento e, por consequência, também de conduta.

Sobre a contoexpressão

Agora, falaremos um pouco sobre a metodologia que serviu de norte para a criação das oficinas que se encontram neste livro, a qual se denomina contoexpressão.

Contoexpressão é a arte de compartilhar, provocar e despertar conhecimento, de forma sensorial e simbólica por meio de contos. É uma técnica que busca produzir mudanças de pensamento que culminarão em mudanças de conduta, auxiliando o ser humano no árduo processo de buscar uma melhor versão de si.

A contoexpressão é considerada uma arte, já que partimos do ponto de vista de que o educador (dentro desse conceito integramos todos aqueles que de alguma forma compartilham conhecimento) é um artista. A educação é a arte de inspirar no outro o desejo de aprender e transcender; de comunicar e despertar conhecimento de forma consciente e respeitosa.

Você observará na estrutura das oficinas que utilizamos essa técnica não com o objetivo de impor conhecimento, mas de compartilhar, despertar, provocar conhecimento por meio do uso dos símbolos existentes nos contos. Será uma experiência sensorial que os transportará do mundo das ideias e do inconsciente ao mundo material. Os participantes expressarão os seus símbolos internos de forma material, podendo observá-los e comunicar-se com eles, interpretando-os, para poder conhecer-se melhor.

Tudo isso será feito utilizando quatro ferramentas contoexpressivas que estarão inseridas dentro das oficinas:

1. Conexão emocional;
2. Metáforas e símbolos;
3. Método Socrático;
4. Atividade didática.

1. Conexão emocional

Já vimos que o sistema emocional humano funciona dentro de um espectro comportamental que pode ir da atração magnética impulsiva e curiosa por pessoas, eventos, situações, tarefas, problemas ou desafios, ao seu evitamento imediato (luta ou foge da expressão em inglês *fight or flight*), podendo passar, igualmente, pela sua tolerância adaptativa necessária. De fato, para que a aprendizagem ocorra, pela importância que tem a emoção na cognição (como sinônimo de razão), é necessário que se crie à volta das situações ou desafios (tarefas, propostas, atividades etc.) de aprendizagem um clima de segurança, de cuidado e de conforto.

Sabendo isso, por que se deve começar a atividade com algo que gere uma conexão emocional com o público? As respostas são inúmeras, entre as quais, enumeramos:

a) Romper as primeiras defesas;
b) Criar empatia do público em relação ao facilitador;
c) Gerar interesse em relação à temática;
d) Conhecer a pessoa ou grupo com o qual se trabalhará;
f) Introduzir conceitos e símbolos utilizados durante a atividade.

2. Metáforas e símbolos

Quantas vezes, em momentos difíceis de nossas vidas, ouvimos uma música ou uma história e isso nos fez sentir uma paz interior. Algo que nos ajuda a perceber e ver a nossa situação de uma maneira diferente, talvez menos problemática. Isso acontece porque tanto em contos como poemas e canções são usadas frases metafóricas que servem como instrumento terapêutico.

Outra faceta que torna a metáfora um instrumento particularmente eficaz é o fato de permitir ao narrador selecionar conceitos complexos, difíceis de explicar e recriá-los de maneira muito mais concreta.

As metáforas permitem externalizar o pensamento abstrato e transferi-lo para uma representação tangível com base em dados sensoriais.

Tanto as metáforas como os símbolos existentes nos contos transportam informação que se conecta com os símbolos internos de cada pessoa, despertando nelas o conhecimento de algo que necessita aprender.

3. Método socrático

Sócrates criou um método de investigação do conhecimento por meio da maiêutica – "técnica de trazer à luz", no qual, com o auxílio de sucessivas questões, se chegava à verdade. Esse caminho usado por Sócrates era um verdadeiro "parto"; ele induzia os seus discípulos a praticarem mentalmente a busca da verdade última. Conta-se que Sócrates criou essa ideia a partir da observação, já que, ao ser a sua mãe uma parteira, ele percebeu que como mestre também poderia guiar os seus discípulos no caminho do conhecimento, com o ato de "parir conhecimento".

O princípio da filosofia de Sócrates estava na frase "conhece-te a ti mesmo". Antes de lançar-se em busca de qualquer verdade, o homem deve analisar-se e reconhecer a sua própria ignorância. Sócrates inicia a sua discussão e conduz o seu interlocutor a tal reconhecimento pelo diálogo, que é a primeira fase do seu método em busca da verdade. Por isso que, nas oficinas deste livro, o(a) facilitador(a) não deverá apresentar interpretações sobre os contos, mas, sim, provocar o conhecimento dos participantes por meio de perguntas.

4. Atividades didáticas

As atividades didáticas constituem meios de organização do trabalho pedagógico que concretizam um conjunto de procedimentos específicos, próprios da situação de ensino-aprendizagem e servem como mediadoras da relação entre os aprendentes e um objeto de conhecimento ou entre as relações sociais inerentes ao contexto pedagógico.

Dentro das oficinas contoexpressivas, aqui descritas, sempre haverá uma atividade didática, que pode ser arteterapêutica, psicoexpressiva, jogos, teatralização, dança etc. As atividades propostas têm como fim reforçar a mensagem do conto e clarificá-la. Algumas mais expressivas ajudarão a exteriorizar os símbolos internos para uma leitura por parte do participante ou do facilitador. Os exercícios também provocam processos de questionamento interior, para ajudar no autoconhecimento.

Como você pode observar, estamos diante de uma metodologia que respeita os processos internos de cada pessoa, despertando o conhecimento sobre alguma circunstância específica, que esteja madura para a colheita.

Recomendamos que as oficinas, presentes na obra, sejam aplicadas de forma consciente e respeitosa, sempre objetivando o crescimento pessoal de cada participante. Caso deseje mais informação sobre este livro, a metodologia da contoexpressão ou sobre a contação de histórias, entre em contato conosco.

Claudine Bernardes
www.acaixadeimaginacao.com

Flávia Gama
www.flaviagama.com.br

Referências
BETTELHEIM, Bruno. *Psicanálise dos contos de fadas*. Lisboa: Bertrand Editora, 2013.
GRIMM, Jacob e Wilhelm. *Contos de Grimm*. Belo Horizonte / Rio de Janeiro: Villa Rica, 1994.
JUNG, Carl Gustav. *Os arquétipos e o inconsciente coletivo*. 2.ed. Petrópolis: Editora Vozes, 2000.

Contos que curam

Sumário

Contos que curam Crianças

Claudine Bernardes
Oficina: Uma ponte entre gerações..15

Ana Lucia da Silva
Oficina: Minha superárvore...23

Celina Ferreira Garcia
Oficina: Uma jornada em Alére..31

Graziela Jacuniah Rodrigues
Oficina: Contoexpressiva raiva
Consciência emocional para transformar..39

Ivanete de Andrade
Oficina de autoconhecimento, identidade e pertencimento.................49

Malucha Nunes Caetano Pacheco
Oficina da gratidão..57

Maria Helena Lobão
Oficina de autoaceitação e de aceitação do outro.............................65

Mariana Branco
Oficina: Aprender a comer brincando
Como trabalhar o nojo e o medo dos alimentos verdes.......................73

Vanessa de Paula Mondin Martins
Oficina: A conexão entre modelar, elaborar e dar significado..............81

Contos que curam Adolescentes

Kellem Cristiane Girardi Krause
Oficina: Essência de ser...91

Lurdes Figueiredo
Oficina de autoestima: O jardim secreto...99

Maria de Lourdes Machado Cardoso Martins
Oficina de autoestima e resiliência..107

Mayana Okada
Oficina: As estações do amor..115

Valdirene Carvalho da Silva Rodovalho
Oficina de resiliência: Meu reino interior.....................................123

Contos que curam Adultos

Flávia Gama
Oficina: Meu era uma vez reescrevendo a minha história............133

Ananda Sette
Oficina: Desatando os nós em nós...141

Anna Paula Isernhagen Rosseto
Oficina: As máscaras da incoerência..149

Danielle Bruno Ribeiro
Oficina: Asas da fênix..157

Fernanda Dutra de Azeredo Menezes
Oficina da compaixão..165

Flávia Bruno
Oficina da aceitação..173

Luciane Rodrigues Canarin
Oficina: Arteterapia com mandalas indígenas.......................181

Marcelle do Nascimento Gonçalves Guedes
Oficina do perdão...189

Potyra Najara
Oficina: Protagonismo, autoestima, empoderamento............197

Priscila Dutra Seixas
Oficina da autoaceitação...205

Contos que Curam Crianças

Contos que curam

Capítulo 1

Oficina
Uma ponte
entre gerações

Esta oficina tem como objetivo mostrar ao público infantil a importância de valorizar os idosos, como pessoas com uma bagagem de experiência e histórias vitais, que podem ser uma fonte de sabedoria, ajuda e companheirismo. Também busca despertar na criança o desejo de escutar as histórias vividas pelos seus avós ou outras pessoas mais idosas que fazem parte do seu círculo social, criando uma ponte entre distintas gerações.

Claudine Bernardes

Contos que Curam

Claudine Bernardes

Escritora e Especialista em Contos e Fábulas Terapêuticas com livros publicados no Brasil e na Europa, entre eles "Carlota não quer falar" e a "Amendoeira triste". Vive na Espanha há 15 anos, onde trabalha como professora de técnicas narrativas e Contoexpressão, em EpsiHum (Escuela de Terapia Psicoexpresiva Humanista del Instituto IASE), sendo também Diretora da Coleção Infantil da Editorial Espanhola Sar Alejandria. A partir de sua experiência como mãe de uma criança com TDAH, somada à sua especialização em contos terapêuticos, desenvolveu a metodologia denominada Contoexpressão, como ferramenta psicopedagógica para a educação e terapia por meio de contos. Atualmente realiza palestras, oficinas e cursos difundindo essa metodologia.

Contatos
www.acaixadeimaginacao.com
claudinebernardes@acaixadeimaginacao.com
Instagram: claudine.bernardes
(34) 68088-0740

Claudine Bernardes

Conto
O CARVALHO E OS CONTOS
por Claudine Bernardes

"A alma humana tem uma necessidade inextinguível de que a substância dos contos flua através das suas veias, do mesmo modo que o corpo necessita ter substâncias nutritivas que circulem através dele."

Rudolf Steiner

O mundo é muito grande e cheio de árvores diferentes. Há algumas muito grandes, outras baixas. Algumas dão frutos e outras não, mas todas são importantes. Hoje, vou contar a história de um velho, forte, alto e majestoso Carvalho que vivia sozinho no topo de uma colina.

O grande Carvalho olhava para o verde vale que se estendia abaixo e sentia um grande vazio dentro de si. Todas as árvores do vale pareciam tão felizes rodeadas por outras plantas e animais, enquanto ele estava ali, sozinho. Nenhum animal queria se aproximar dele, porque os seus frutos, as bolotas, não eram tão apetitosos quanto os frutos das outras árvores que viviam no vale. Eles também diziam que o velho Carvalho era muito mal-humorado, sem entender que ele era assim porque se sentia solitário e esquecido.

— Ah, por que ninguém quer ser meu amigo? Eu gostaria de ter alguém para conversar. – dizia o Carvalho com grande tristeza, esperando que o vento levasse as suas palavras e alguém pudesse escutá-las.

Um dia, uma família de pássaros pousou sobre ele.

— Bom dia, grande Carvalho, podemos fazer o nosso ninho na sua copa? – perguntou o Sr. Pássaro.

O Carvalho estava tão acostumado a viver sozinho, que não sabia se conseguiria se dar bem com os novos inquilinos; ficou pensando um pouco e, finalmente, respondeu como quem resmunga:

— Hum, podem ficar, mas espero que vocês não sejam pássaros barulhentos, porque eu estou acostumado a estar tranquilo. Ah, e nada de picar o meu tronco, viu?

Contos que Curam

As aves aninharam-se no grande Carvalho e, em pouco tempo, nasceram muitos passarinhos. Foi uma grande mudança na vida do velho Carvalho; agora ele tinha amigos para conversar, já não se sentia sozinho. E que maravilha! Ele parou de ficar mal-humorado e até se sentiu mais jovem. Era um novo tempo, os dias cinzas finalmente haviam se transformado em alegres dias de sol.

Porém, a vida é feita de dias de Sol e de chuva e numa manhã de verão começou a cair uma chuvarada sobre todo o vale. O Carvalho, com a sua forte raiz, grosso tronco e espessa folhagem, já havia suportado grandes tempestades, por isso poderia proteger os seus novos amigos. Mas não podia deixar de pensar nos animais que estavam no vale. O que aconteceria com eles? Tirando de dentro de si toda a força que possuía, começou a mover os seus ramos e folhas, produzindo um grande ruído que foi levado pelo vento até o vale. Queria chamar a atenção dos animais para que subissem à colina e se refugiassem sob ele. A família de pássaros também queria ajudar e voou até o vale, fazendo um grande esforço para não ser derrubada pelos grandes pingos de chuva.

— Venham! Refugiem-se na colina do grande Carvalho! – gritavam uma e outra vez os valentes pássaros.

Logo, a colina estava repleta de animais e pássaros que se refugiaram debaixo do Carvalho. Ao vê-los tão tristes, ele escarvou na memória, lembrando de grandes histórias que, sem demora, começou a contar. A sua voz forte e cálida entrava pelo ouvido e se alojava no coração de cada animal, despertando a imaginação sobre as cenas das histórias. A antiga distância existente entre o Carvalho e os moradores do vale havia desaparecido, porque os contos haviam construído uma grande ponte entre o coração de todos. Foi um momento mágico!

Quando a chuva passou e a água baixou, os animais voltaram para suas casas, mas, todas as tardes, antes de anoitecer, regressavam à colina e escutavam uma nova história que os transportava a mundos muito distantes, com grandes aventuras e heróis que enfrentavam grandes desafios. Quando o grande Carvalho terminava uma história, todos juntos diziam a mesma frase:

— Essa história entrou por uma porta e saiu pela outra. Quem quiser que conte outra!

Oficina: "Uma ponte entre gerações"

OBJETIVO: durante milênios, os idosos foram vistos pela sociedade como fonte de sabedoria e de referência aos mais jovens. Eram eles, também, que durante as noites reuniam a família para contar histórias antigas que transmitiam os valores familiares, sociais e culturais. Por meio dessas anedotas, os mais jovens podiam compreender que a vida é uma grande jornada cheia de desafios que devem ser enfrentados com valentia; compreendiam o valor de aprender e de quem os ensinava.

Claudine Bernardes

No entanto, com as mudanças tecnológicas atuais, a sociedade em geral destituiu o idoso do seu milenar papel de transmissor de histórias, criando um abismo entre gerações, fazendo com que uns e outros se sintam mais vazios e solitários, conforme ensina Boff: "a sociedade contemporânea, chamada sociedade do conhecimento e da comunicação, está criando, contraditoriamente, cada vez mais incomunicação e solidão entre as pessoas" (BOFF, 1999, p.11).

Por meio dos elementos simbólicos existentes na história *O Carvalho e os contos*, e das atividades propostas, esta oficina tem como objetivo resgatar os idosos da sua invisibilidade, promovendo a valorização desse coletivo, suas histórias e sabedoria.

A oficina está dividida em quatro partes

Parte 1 – Introdução

A atividade servirá de apresentação e de quebra-gelo a partir da escolha de um crachá (moldes de crachás nos materiais anexos). Prepare uma mesa de recepção que contenha crachás com desenhos de personagens que poderiam viver num bosque (árvores; pássaros; gambás, esquilos, coelhos etc.). À medida que os participantes chegarem, peça que escolham um crachá e escrevam o nome. O facilitador também deverá ter um crachá e ser o primeiro a se apresentar, dizendo o seu nome e contando ao grupo o motivo que o fez escolher aquele desenho. Depois, cada participante deverá fazer o mesmo.

Parte 2 – Conto

O facilitador dirá algo assim: "contarei uma história que ocorreu num lindo bosque com uma colina e um vale. Vocês sabem o que é uma colina ou um vale?". Depois de escutar as respostas, o facilitador deverá contar a história *O Carvalho e os contos*. O conto termina com a frase: "essa história entrou por uma porta e saiu pela outra. Quem quiser que conte outra". Para fixar essa frase na memória dos participantes, o facilitador deverá finalizar o conto com ela e depois repeti-la algumas vezes com o grupo.

Ao terminar o conto, o facilitador deverá fazer algumas perguntas para avaliar como o grupo compreendeu a história e os símbolos:

1. O que mais gostaram da história?
2. Vamos lembrar um pouco sobre o Carvalho. Vocês podem citar as características dele e onde ele vivia?
3. Por que acham que o Carvalho vivia sozinho no alto de uma colina?

4. Será que antes viviam mais árvores perto dele?
5. O Carvalho se sentia sozinho e pensava que não tinha muita coisa para oferecer. Vocês conhecem alguém que possa se sentir assim também?

Com a finalidade de servir de guia para o facilitador, avaliaremos os elementos simbólicos utilizados no conto. Todos conhecemos pessoas parecidas com o Carvalho da história, que viveram muitos anos; são de uma época muito diferente; foram perdendo pessoas amadas no caminho da vida e, agora, talvez se sintam sozinhas no alto de uma colina, pensando que já não podem oferecer nada aos outros.

O Carvalho, símbolo de longevidade, força e sabedoria, simboliza os idosos da nossa sociedade, que possuem muitas histórias para compartilhar, porém necessitam de pessoas que desejem escutá-los para sentir que cumprem o papel de transmissores de conhecimento à jovem geração.

No conto, o Carvalho resgata a sua essência e cumpre a sua função vital, voltando a se sentir completo. Os contos simbolizam exatamente uma ponte sobre o abismo criado entre as gerações, conforme comenta Cleo Busatto: "a narração oral de histórias não deveria jamais perder a condição primeira dessa antiga arte, que é funcionar como uma ponte entre as diferentes realidades" (CLEO BUSATTO, 2007, p. 83). O conto utilizado nesta oficina foi criado para plantar essas sementes simbólicas no público infantil.

Parte 3 – Atividades didáticas

3.1. A máquina do tempo

O objetivo dessa atividade é conectar os participantes com o mundo dos seus avós e bisavós, principalmente a infância, provocando a curiosidade do grupo. O facilitador deve buscar fotografias antigas (tiradas há 70 anos mais ou menos) que mostrem a cidade em que a oficina está sendo realizada, ou outros lugares do Brasil; crianças com brincadeiras antigas; o centro antigo da cidade; crianças no colégio; pessoas trabalhando etc. (exemplos no material anexo).

O facilitador deverá imprimir essas fotografias e prepará-las como se fossem quadros, colocando-as nas paredes a modo de exposição, com uma pequena explicação da cena abaixo delas (ano, lugar e o que estava acontecendo).

Depois, dirá ao grupo: "a vida há décadas era muito diferente. Hoje, os convido a ver uma exposição fotográfica de como era a vida nesta cidade e no Brasil há 70 anos. Passeiem pela sala, observem as fotografias e pensem como viviam as pessoas da época, inclusive os seus avós e bisavós".

3.2. O meu grande Carvalho

O objetivo dessa atividade é ajudar a criança a identificar familiares ou pessoas do seu entorno que possam ser transmissoras culturais por meio da narração oral. Para essa etapa, você precisará de lápis de cor; canetinhas; lápis de escrever; envelope e papéis de sulfite A4 contendo o título *O meu grande Carvalho*, um desenho de um Carvalho, e a frase: "O meu grande Carvalho se chama _____ e tem ____ anos. A sua cor favorita é _____ e o que mais gosta de fazer é _____ ".

No verso do sulfite deve ir impressa a história *O Carvalho e os contos* e esta mensagem: "Eu o estou presenteando com um conto. Você poderia me dar outro de presente? Adoraria escutar uma história contada por você". Nos anexos, encontrará o molde dessa atividade.

O facilitador deverá dizer ao grupo: "quem é a pessoa mais velha da sua família que está viva? Você costuma conversar com ela? Agora, imagine que essa pessoa é o seu grande Carvalho".

Após distribuir os sulfites, o facilitador deverá guiar o preenchimento da frase e instruir o desenho do rosto do familiar no centro do tronco. Em seguida, a criança precisará pintar e decorar o desenho. Para finalizar essa atividade, ela deverá colocar a ilustração dentro do envelope (que também poderá decorar), escrever o seu nome como remetente e, também, o do destinatário.

Parte 4 – Final

Encerre a oficina com o seguinte conto que também é a última instrução.

MISSÃO: HERÓI DE CONTOS
por Claudine Bernardes

Era uma vez um reino distante, onde prosperidade, amor e justiça caminhavam juntas. O reino havia sido mantido em equilíbrio durante séculos, porque cada rei tinha um grupo de conselheiros que transmitia os seus conhecimentos por meio de incríveis histórias. Um dia, a bruxa do esquecimento lançou um terrível feitiço sobre o reino. Todos se esqueceram de que o conhecimento que possuíam foi transmitido pelos conselheiros e suas histórias.

Somente os conselheiros conseguiam lembrar das histórias, porém ninguém queria escutá-las. O rei disse que eles já estavam velhos e que deveriam ser substituídos por jovens com novas ideias. O tempo passou e os conselheiros se esqueceram de que eram os guardiões das histórias antigas. As pessoas também começaram a se esquecer do que haviam aprendido sobre o amor e a justiça. Sem amor e justiça o reino se transformou num lugar onde cada um só se preocupava com os seus próprios interesses. Já não era um bom lugar para viver.

Contos que Curam

Certo dia, um grupo de jovens estava passeando e encontrou um muro de pedra contendo a seguinte mensagem: "Este reino foi enfeitiçado pela Bruxa do Esquecimento. Para romper o feitiço é necessário encontrar os guardiões das histórias ancestrais e convencê-los a voltar. O cavalheiro ou dama que conseguir encontrar os anciãos conselheiros deverá escutar suas histórias e espalhá-las pelo reino. Ao cumprir essa missão, receberá o título de Herói de Contos".

Todos os jovens pensaram que aquilo era apenas uma brincadeira e ignoraram a mensagem. Menos dois deles, que saíram pelo reino buscando os guardiões das histórias antigas. Mas eles são poucos e o reino é muito grande, por isso necessitam da sua ajuda. Que tal aceitar essa incrível missão? Para cumpri-la, você deve entregar o envelope que preparou hoje ao seu grande Carvalho. Peça a ele que lhe conte um conto, assim voltará a lembrar que é guardião de histórias antigas. Quanto mais histórias você escutar, antes conseguirá cumprir a missão e se transformar num Herói de Contos.

Referências
BOFF, Leonardo. *Saber cuidar: ética do humano: compaixão pela terra*. Petrópolis, RJ: Editora Vozes, 1999.
BUSATTO, Cléo. *A arte de contar histórias no século XXI: tradição e ciberespaço*. Petrópolis, RJ: Editora Vozes, 2007.

Contos que curam

CAPÍTULO 2

Oficina
Minha superárvore

Esta oficina tem como objetivo a integração psicossocial dos participantes. Por meio do conto "Minha superárvore", introduziremos os quatro elementos simbólicos que servirão para despertar o respeito, a iniciativa e a socialização individual e em grupo. Além de incentivar a importância do plantio de árvores e utilizar uma metáfora simbólica sensorial, em que é possível expressar a psique.

Ana Lucia da Silva

Contos que Curam

Ana Lucia da Silva

Psicóloga, pós-graduada pela Universidade São Marcos. *Certified MARI Practitioner*, Certificação Profissional. MindEduca, Instrutora MindEduca (*Mindfulness*), ContoExpressão. Educação Emocional e Terapia por Meio de Contos, Instituto Iase Contoexpressão (Espanha). Artigo no XXXVI Encontro Nacional de Engenharia de Produção (Enegep 2016) com o título *Relacionamento e comportamento dos estudantes da geração z: diagnóstico de uma escola técnica*. Participou do curso Plantas Medicinais e Fitoterapia promovido pela PMSP/SVMA (11.ª edição). Atua com questões ligadas a relacionamento, conflitos pessoais, ansiedade, depressão, aprendizagem escolar e envelhecimento. Realiza oficinas. Acredita que o ser humano pode se permitir ser tudo o que deseja!

Contatos
analuciasilva61@hotmail.com
Consultório Jundiaí (SP)
(11) 97312-0889

Ana Lucia da Silva

Conto
MINHA SUPERÁRVORE
por Ana Lucia da Silva

> "Buscar em nossas raízes
> A seiva do nosso futuro."
> **Jean-Yves Leloup**

Era uma vez um casal que se amava muito. Ele também amava bastante a natureza e, apesar de viver uma vida simples, tinha uma casa com cores alegres e um lindo pomar com diversas árvores frutíferas. Do amor desse casal nasceu um lindo bebê, que recebeu o nome de Gaia, uma menina livre e inteligente.

Todos os dias, depois do café, ela sentava encostada no tronco de uma grande árvore e conversava com as folhas, os frutos, sentia o aroma e passava uma boa parte da manhã ali. O único problema era que as crianças da vizinhança não brincavam com ela.

Elas achavam Gaia esquisita só porque conversava com as plantas, ficava sentada embaixo de árvores, como se realmente pudesse ser ouvida.

A pequena Gaia não era indiferente às outras crianças, na verdade, ela desejava muito brincar com elas e, por isso, começou a pensar como podia mudar essa história.

Como costumava fazer, sentou-se para conversar com suas árvores, até que teve uma ideia. Pediu para a sua mãe preparar um lanche bem gostoso e convidou as crianças da vizinhança para passarem a tarde na sua casa.

As crianças, que não eram muitas, foram chegando, e Gaia levou-as ao pomar, onde tudo estava preparado para a grande surpresa.

Então, Gaia começou a dizer-lhes:

— Obrigada por vocês terem vindo! Sei que às vezes pareço um pouco esquisita. Por isso, gostaria que tentassem ver o mundo como eu vejo. Vou pedir para cada um escolher uma árvore e se sentar para ouvir o que vou falar.

As crianças não gostaram nada daquela ideia esquisita, mas por educação resolveram fazer o que Gaia lhes pediu, e ela continuou falando:

— Agora, fechem seus olhos, respirem com tranquilidade, sintam o ar puro inundando o corpo, escutem o vento movendo as folhas ao seu redor.

As crianças começaram a relaxar e a sentir a natureza que estava ao redor. Sentiam a brisa suave tocando o seu rosto e movendo seus cabelos, era muito agradável. Porém, as nuvens foram mudando e o céu ficou cinza.

Uma chuva mansinha começou a cair, e as crianças ficaram ali sob a água sentindo o cheiro da árvore. A água desceu pelo tronco até as raízes, molhando a terra ao redor das crianças, foi um lamaçal, mas estava tão gostoso que elas nem se moveram.

Gaia pediu para imaginarem vitaminas, cálcio, sais minerais subindo pela raiz, pelo tronco, até a copa da árvore. Todas ficaram ali até parar a chuva e o sol brilhar.

Abriram os olhos com o calor no seu corpo, no seu coração, ouvindo cada batida, então levantaram totalmente transformadas, a natureza em festa e as crianças também. Saíram correndo para lanchar e brincar com Gaia, porque agora se sentiam conectadas.

Oficina - Minha superárvore

Objetivo: esta oficina tem como objetivo a integração psicossocial dos participantes. Por meio do conto "Minha Superárvore", introduziremos os quatro elementos simbólicos que servirão para despertar o respeito, a iniciativa e a socialização individual e em grupo. Além de incentivar a importância do plantio de árvores e utilizar uma metáfora simbólica sensorial, em que é possível expressar a psique.

A oficina está dividida em quatro partes

Parte 1. Introdução: vamos sensibilizar os participantes com os termos utilizados no conto perguntando se sabem o que é Gaia, termo utilizado pela mitologia grega, que era a Mãe Terra. Assim como as vitaminas e sais minerais responsáveis pelo funcionamento e proteção das plantas, o cálcio fortalece os ossos, além de auxiliar no sistema nervoso central, diminuindo o risco de doenças neurológicas e nos músculos.

Parte 2. Conto: foi criado exclusivamente para esta oficina e possui elementos simbólicos que serão explicados mais adiante.

Parte 3. Atividade didática: utilizaremos a metáfora simbólico-sensorial "A mandala de forma lúdica conecta com o inconsciente dos participantes como centro do processo educativo e contempla os aspectos cognitivos, afetivos, sociais e suas relações com o mundo".

Parte 4. Final: encerraremos a atividade com a leitura de uma poesia e as crianças de mãos dadas em volta da mandala.

Ana Lúcia da Silva

Observação: siga as instruções, porém também explore sua intuição e conhecimento para adaptar a atividade desenvolvida com o grupo.

Parte 1 – Introdução

Para que os participantes se envolvam nos conceitos utilizados no conto, pergunte se eles sabem o que é Gaia, mostre uma pequena árvore e replante-a num vaso maior, mostrando a terra. Leve frutas e fale sobre as vitaminas e sais minerais, e como auxiliam o crescimento da planta.

Essa é uma parte importante porque os participantes vão se conectando emocional e simbolicamente com os personagens da história e os símbolos contidos nela. Desse modo, perceba que ambiente é criado por meio dessa introdução.

Parte 2 – Conto

O facilitador irá narrar o conto *"Minha Superárvore"*.

Nesse conto, Gaia simboliza a terra, o cuidado e o respeito que cada um tem consigo; esse cuidado precisa ter sol, ar e água, imprescindíveis ao nosso desenvolvimento psicossocial.

É importante perceber que a água fertiliza, purifica e dissolve, também sugere calma, tranquilidade e paz, mas ao mesmo tempo mexe com emoções profundas.

O sol é um processo alquímico de consciência, verdade da transformação psicológica necessária para a pessoa se tornar inteira.

Sentir o vento como mediador da leveza, flexibilidade, de cada um de nós. A harmonia entre céu e terra para usufruir a vida sempre abundante como um todo em seus aspectos físicos, emocionais e espirituais.

Parte 3 – Atividade didática

3.1. O facilitador deverá guiar uma roda de conversa com o grupo por meio de perguntas, no intuito de provocar e despertar o conhecimento em relação à simbologia do conto. Perguntas sugeridas:
O que você entendeu dessa história?
Conhece alguma árvore, sabe o nome dela?
Qual foi a dificuldade de Gaia? E como resolveu?

3.2. Após esse diálogo, de olhos fechados, peça para que imaginem diante de si uma grande árvore maior que o ambiente em que estão. Ela deve ser vigorosa, cheia de frutos e com uma copa generosa.

Levar em consideração que ao ter consciência de que nossas emoções nos levam à ação, transformação e purificação, contribuímos diretamente na mudança do nosso momento presente. Assim, peça para as crianças se aproximarem da árvore que imaginaram e falarem algo que querem mudar nesse momento.

3.3. O facilitador deverá desenhar em uma cartolina um círculo em que as crianças explorarão o desenho de mãos abertas, passando seus dedos por fora e por dentro do círculo e, também, pelo seu contorno.

Em seguida, deve-se pedir para as crianças expressarem o que entenderam da história dentro do círculo, utilizando cola, EVA, fitas, lápis de cor... Assim, com o simples ato de desenhar dentro do círculo, podemos experimentar um sentimento de unidade.

3.4. A criança deve reforçar o traço do círculo inicial com um canetão ou lápis de cor mais forte.

Levando em consideração que desenhar um círculo é como uma metáfora para criar uma linha protetora ao redor do espaço físico e psicológico que identificamos como nós mesmos, uma linha bem marcada indica um sentido bem definido de identidade, com limites psicológicos entre o indivíduo e os outros claramente estabelecidos.

3.5. Pergunte para a criança se falta alguma coisa na mandala. O que é possível acrescentar? Se a resposta for sim, nesse momento é possível acrescentar a mudança sugerida.

Também pergunte o que mais gostou na mandala e escute a resposta de cada um dos participantes.

O ato de desenhar a mandala é uma experiência única e, ao falar sobre ela, traz de volta o sentimento que teve quando a fez, permitindo, assim, explorar a arte mais uma vez.

3.6. Cores utilizadas: as cores nas mandalas nos ajudam a entender as mensagens que estão sendo enviadas pelo subconsciente. Os significados de algumas delas podem ser óbvios, e fáceis de entender, outros desafiam nossa percepção interior.

Também expressam os nossos mais íntimos pensamentos, sentimentos e intuições. Expressam até nossas sensações físicas e simbolizam o que é mais importante para você na ocasião.

Embora possa haver algumas variações associadas a certas cores em outras culturas, estudos recentes revelam que grande parte da nossa percepção de cor é universal.

As cores da metade superior da mandala costumam estar relacionadas ao processo consciente e aquelas que se encontram na metade inferior tendem a mostrar o que se passa em seu inconsciente.

3.7. Importância do desenvolvimento em grupo.

Segundo Charles Fourier, pela nossa natureza psicológica, todos nós nascemos para viver em grupo. Esse processo de integração contínua é feito por meio de relações humanas, diálogos, participação, comunicações harmoniosas e agradáveis.

Contos que Curam

Nos grupos, concretizamos nossa existência, desenvolvendo ações sociais ou os mais variados objetivos. Dessa maneira, nessa oficina a proposta é que as crianças tenham um objetivo definido e, como resultado final, teremos um grupo de beneficiados com sentimentos de bem-estar, equilíbrio e satisfação.

Além da socialização ser cada vez mais importante no dia a dia, também impulsiona autoconfiança.

Parte 4 – Final

Encerramos a oficina de mãos dadas com a leitura da poesia apresentada abaixo ou cantando a música "A árvore da montanha", de Rubinho do Vale.

A sabedoria do Salgueiro

Caminha a passo de raízes,
Nem ao longo,
Nem ao largo.
Caminhar em profundidade.
Em direção às alturas.
Buscar em nossas raízes
A seiva do nosso futuro.

Jean-Yves Leloup

Referências
ALBIGENOR; MILITÃO, Rose. *Jogos, dinâmicas & vivências grupais: como desenvolver sua melhor "técnica" em atividades grupais*. 5. ed. Qualitymark.
FINCHER, Suzanne F. *O autoconhecimento através das mandalas: a escolha das técnicas e cores mais adequadas para a criação de uma mandala pessoal*. Pensamento.
LELOUP, Jean-Yves. *A sabedoria do Salgueiro*. Verus.

Contos que curam

CAPÍTULO 3

Oficina
Uma jornada
em Alére

Esta oficina objetiva despertar o olhar do participante para o sentido que atribui à própria história, por meio do conto "Uma jornada em Alére". Dessa forma, o participante terá a oportunidade de refletir a respeito de seus valores, sentimentos, emoções, assim como desenvolver empatia e autoestima.

Celina Ferreira Garcia

Contos que Curam

Celina Ferreira Garcia

Mãe, pedagoga pela Universidade Cidade de São Paulo (Unicid) com especialização em Psicopedagogia pela Universidade Cruzeiro do Sul (Unicsul) e aprimoramento em Neuropsicopedagogia com Ênfase Sistêmica pelo Instituto Faces, em parceria com o Sieeesp. Atua desde 2010 na área de educação e, desde 2013, no atendimento psicopedagógico a crianças e adolescentes. Realiza orientação para pais/responsáveis, para escolas e rodas de conversa em instituições de ensino. Atua como voluntária no atendimento de crianças e adolescentes em situação de abrigamento, Saicas. É colaboradora do Grupo de Mãos Dadas, no qual escreve textos que contribuem para a reflexão diária e para o autoconhecimento. O lúdico e as histórias fazem parte de sua prática. A Contoexpressão ajudou-a na expansão do seu olhar no trabalho com os aprendizes.

Contatos
celfgarcia.pp@gmail.com
Instagram: celina_ferreira_garcia
LinkedIn: Celina Garcia
Facebook: Celina Ferreira Garcia

Celina Ferreira Garcia

Conto
UMA JORNADA EM ALÉRE
Por Celina Ferreira Garcia

> "O verdadeiro sábio é aquele que se coloca
> na posição de eterno aprendiz."
> **Sócrates**

Conta-se que há muito tempo, num lugar distante, viviam animais de todos os cantos do mundo, o povo de Alére, os quais tinham como função zelar pelo equilíbrio da natureza.

Corria pela redondeza que a hora do cumprimento de uma profecia, que escolheria o guardião de toda a sabedoria, estava por chegar. Preocupados com o que poderia acontecer, os anciãos decidiram eleger o primogênito de cada família para ser o guardião da sabedoria de seus ancestrais. E assim foi feito, a cada geração.

Certo dia, um mago, na forma de uma linda águia dourada, apareceu e jogou um feitiço sobre a floresta para que todos adormecessem, exceto quatro dos primogênitos. Antes de desaparecer, disse-lhes: — O feitiço poderá ser desfeito apenas se vocês vencerem em três dias todos os obstáculos do caminho até o coração da floresta. Senão, todos dormirão para sempre! Antes de partirem, visitem suas famílias e peguem algo para levarem com vocês.

Cada um visitou sua família e pegou algo que o faria se recordar dela. A coruja levou um pouco de palha. O leão encostou seu nariz em cada um de seus familiares e pegou o colar de sua mãe. A garça apanhou um esqueleto de peixe e a víbora arrastou-se até sua toca e uniu à sua cauda um guiso ancestral.

No início, os quatro estavam confusos e atordoados, sentindo-se obrigados a fazer o que não haviam escolhido.

— Não estou pronta para enfrentar o desconhecido, disse a coruja.

O leão nem a ouviu, deu seu rugido e falou: — Sou o descendente do rei das selvas, vou liderá-los no caminho!

A víbora, enfezada, disse: — Pode esquecer, eu é que lidero!

A garça, cautelosa, propôs que fosse feita uma votação. E não é que o leão ganhou?

Contos que Curam

Ninguém se entendia! Era cada um por si e Deus por todos! Até que eles foram atacados por um bando de morcegos. Às vezes, situações de perigo nos chamam para prestarmos atenção ao que está ocorrendo ao nosso redor.

Depois desse dia, cada um assumiu uma função: à noite, a coruja permanecia de guarda; durante o dia, o leão ficava na retaguarda protegendo o grupo, a garça sobrevoava o caminho para observar e avisar em caso de perigo e a víbora caminhava à frente para rastrear qualquer armadilha escondida no chão!

No dia seguinte, o grupo teve que atravessar uma floresta sombria e, para isso, precisou se adaptar! A garça foi obrigada a caminhar e isso a fez se sentir ansiosa, limitada. O leão, apesar de sua bravura, sentia-se ameaçado pelas sombras. Já a cobra esbanjava tranquilidade e confiança, mas isso a deixava muito descuidada. A coruja, ao ver a situação, propôs:

— Vou na frente e junto com a cobra vamos guiá-los. Consigo ver bem no escuro e estou sempre atenta aos barulhos.

Conseguiram, assim, atravessar a floresta, chegando num enorme lago de águas cristalinas.

— Como vamos atravessá-lo?, perguntaram-se.

O leão entrou no lago e logo constatou que não conseguiria atravessá-lo a nado, dada a sua extensão.

— Garça e coruja, voem e observem se acham um caminho pelas encostas do lago, disse a víbora.

Depois de um tempo, elas voltaram e, então, todos decidiram ir pelo caminho indicado pela coruja, que era um pouco íngreme, mas menos longo do que o da garça.

Ao final do terceiro dia, no centro de uma montanha, encontraram um altar circular rodeado de pegadas semelhantes às deles. Todos se puseram em cima das pegadas e se uniram. Naquele instante, uma energia emergiu do coração de todos e se uniu à energia que saía do altar, formando um só coração, que se expandiu e inundou todo o lugar, acordando assim todos os habitantes de Alére.

O mago surgiu diante deles e lhes disse: — Vocês conseguiram completar a missão e, de hoje em diante, serão os guardiões da sabedoria aleriana! Voltem para os seus e ensinem o que aprenderam!

Oficina "Uma jornada em Alére"

Objetivo: despertar o olhar do participante ao sentido que atribui à própria história por meio do conto "Uma jornada em Alére". Dessa forma, ele terá a oportunidade de refletir a respeito de seus valores, sentimentos e emoções, assim como desenvolver empatia e autoestima.

Celina Ferreira Garcia

Esta oficina terá o seguinte formato:

Parte 1. Conexão emocional com o público: inspirar o sentimento de empatia e a integração entre os participantes, criando uma conexão com a história que será narrada.
Parte 2. Conto: elaborado com os elementos simbólicos para atingir os propósitos anteriormente citados;
Parte 3. Atividade didática: propicia a conexão do participante, de forma sensorial, às próprias emoções e sentimentos despertados pelos símbolos apresentados no conto;
Parte 4. Fechamento: reflexão e diálogo sobre o encontro e a leitura de uma poesia.
Acesse o material complementar disponibilizado no anexo do livro.

Parte 1 – Conexão emocional com o público

Dinâmica de apresentação
Objetivo – Inspirar o sentimento de empatia e a integração entre os participantes.
Material – Nenhum.
Como realizar – Os participantes são convidados a formar um círculo. O facilitador se apresenta e faz um gesto que o represente, em seguida todos repetem seu nome e imitam seu gesto. Isso é repetido pelos demais em sentido horário.
Ambientação antes da narração
Objetivo – Criar uma conexão com a história que será narrada.
Material – Papel e lápis ou caneta.
Como realizar – Antes de iniciar a narração do conto, os participantes são convidados a pensar sobre as perguntas a seguir e a registrar numa folha de papel.
Como seria viver num lugar em que todos trabalhassem para que a natureza fosse respeitada? Como vocês acham que seria esse lugar? O que fariam nesse lugar?
Como se sentiriam ali?

Parte 2 – Conto

Uma jornada em Aléré simboliza o processo de amadurecimento pelo qual todos nós passamos durante nossas vidas. Os personagens em seu percurso apresentam emoções/sentimentos e comportamentos que demonstram isso.
Após a narração do conto, faça perguntas que auxiliem o participante a se colocar no lugar do personagem, exercitando assim sua consciência emocional e a empatia. Essa dinâmica auxiliará também

no desenvolvimento da autoestima, uma vez que, ao interagir com o conto, o ouvinte passa de espectador a coparticipante e sua interação faz com que se sinta mais autoconfiante.

Narração do conto
Após narrar:
• Que mensagem a história lhe passou?
• Houve alguma parte que mais chamou a sua atenção? Por quê?
• Se fosse um dos personagens, qual seria? Você percebe alguma semelhança com o seu jeito de ser?

Parte 3 – Atividade didática

Criação de uma máscara do personagem com o qual se identificou e participação em uma dinâmica que visa ao exercício da empatia.
• Com qual animal me identifiquei.
• Criação de máscara do animal.

Materiais necessários: formato da máscara já cortada, canetinha, giz de cera, elásticos e tesoura.
Como realizar: os participantes são convidados a personalizar a máscara com as feições do personagem que mais lhes chamou a atenção.
Depois, solicita-se que andem e conversem entre si como se fossem personagens do conto. Passado um tempo, que parem em frente a outro personagem e proponham a troca de máscara.

Reflexão sobre a atividade
• Como foi para vocês interagir com a máscara? Que sensações e sentimentos esse caminhar trouxe?
• Como foi a experiência de trocar de máscara?
• Como foi entrar em contato com uma outra pessoa com o mesmo personagem ou o que era representado por você? Que sentimentos ou emoções vocês perceberam?
• O que aprenderam com essa vivência?
• Compartilhando em grupo sobre a vivência.

Parte 4 – Fechamento

• Reflexão e diálogo sobre o encontro, um exercício de autorreflexão no qual os participantes falam sobre os aspectos positivos, problemas que surgiram e que conseguiram resolver.
O facilitador pode utilizar perguntas para promover essa conversa:
• Como se sentiram?
• Qual parte foi mais importante para vocês?

Celina Ferreira Garcia

Leitura da poesia *Sou feita de retalhos* (Cris Pizzimenti)

Sou feita de retalhos.
Pedacinhos coloridos de cada vida que passa pela minha e que vou costurando na alma.
Nem sempre bonitos, nem sempre felizes, mas me acrescentam e me fazem ser quem eu sou.
Em cada encontro, em cada contato, vou ficando maior...
Em cada retalho, uma vida, uma lição, um carinho, uma saudade...
Que me tornam mais pessoa, mais humana, mais completa.
E penso que é assim mesmo que a vida se faz: de pedaços de outras gentes que vão se tornando parte da gente também.
E a melhor parte é que nunca estaremos prontos, finalizados...
Haverá sempre um retalho novo para adicionar à alma.
Portanto, obrigada a cada um de vocês, que fazem parte da minha vida e que me permitem engrandecer minha história com os retalhos deixados em mim.
Que eu também possa deixar pedacinhos de mim pelos caminhos e que eles possam ser parte das suas histórias.
E que assim, de retalho em retalho, possamos nos tornar, um dia, um imenso bordado de "nós".

Referências
BERNARDES, Claudine. *Projeto educação emocional com Carlota não quer falar*. Editora Grafar. Recuperado (03 nov. 2018) de (https://www.editoragrafar.com.br/produto/projeto/).
GARAIGOLDOBIL, LANDAZABAL, M. (1996). *Jugar, cooperar y crear. Tres ejes referenciales en una propuesta de intervención validada experimentalmente*. Recuperado (10 mar. 2010) de (http://dialnet.unirioja.es/servlet/articulo?codigo=2476187).
PIZZIMENTI, Cris. *Sou feita de retalhos*. Recuperado (03 nov. 2018) de (http://kantinhodaedite.blogspot.com/2018/04/sou-feita-de-retalhos.html).
PINA, Vera Marcia G. S.; KRÜGER, Eliz Regina. *Dinâmica de Apresentação. Curso de Aprimoramento em NeuroPsicopedagogia*. Instituto Faces, 2013.

Contos que curam

CAPÍTULO 4

Oficina contoexpressiva raiva Consciência emocional para transformar

Esta oficina tem como objetivo desenvolver a consciência emocional, a autoestima e a aceitação nos participantes. Por meio do conto "Tuá", escrito por Claudine Bernardes, introduziremos os elementos simbólicos que servirão de sementes para o despertar do conhecimento e provocaremos um diálogo interno nos participantes, para que possam interiorizar a mensagem da atividade.

Graziela Jacuniak Rodrigues

Contos que Curam

Graziela Jacuniak Rodrigues

Mãe do Matheus, Palestrante, Educadora Parental em Disciplina Positiva, Terapeuta Transpessoal. Coautora do livro *Como se relacionar com crianças e adolescentes*. Graduada em Tecnologia em Processos Gerenciais, possui MBA Executivo em Gestão de Recursos Humanos. Pós-graduanda em Neuropsicopedagogia, Especialista em Psicologia Transpessoal. Formada como Líder *Coach* pela Cóndor Blanco Internacional (Chile), *Coach* Infantil – Kids Coaching, metodologia desenvolvida pela Rio Coaching. *Practitioner* em PNL e *Coach* de Gestão da Emoção pela Academia da Gestão da Emoção – Augusto Cury. Facilitadora da Jornada das Emoções *Kids* e *Teen* e Facilitadora de Processos de Comunicação Não-Violenta. Participou de programa intensivo sobre Excelência em Serviços pelo Disney Institute (Orlando, USA).

Contatos
www.grazielarodrigues.com.br
coachgrazirodrigues@gmail.com
Instagram: paisnota10
Facebook: KidCoach Graziela Rodrigues

Graziela Jacuniak Rodrigues

Conto
TUÁ
Por Claudine Bernardes

"Conectar-se com os propósitos, pensamentos e emoções é exercício dos mais produtivos. É quando a gente, em silêncio, encontra as respostas para nossas inquietações e descobre os melhores caminhos para atingir nossos objetivos."
Martha Medeiros

Tuá era um coelho no corpo de uma tartaruga. Ao menos era isso que ela dizia para todo mundo.
Nasci para ser um coelho, não uma tartaruga. Tenho vontade de correr e ir muito longe, mas, com esse peso que levo nas costas, essas pernas curtas e tão estranhas, me sinto muito lenta.
Toda essa história de ser um coelho no corpo de uma tartaruga começou quando Tuá ainda era muito pequena e viu como um veloz coelho passava por ela dando grandes e rápidos saltos, "zás, zás, zás, zás", parecia que voava. Desde então, ela começou a treinar como se quisesse participar de uma maratona. A coisa foi tão séria que ela, inclusive, abandonou a ideia de entrar no mar com sua família e resolveu ficar em terra. O problema mesmo foi quando os outros animais começaram a rir dela, eles até criaram uma canção que dizia:
— Tuá, Tuá, tartaruga tonta, pensa que é coelho... mas não sabe pular.
Perseguiam a pequena tartaruga, cantando isso uma e outra vez. Ela já não aguentava e sentia que ia explodir de raiva. Até que um dia o Porco-Espinho lhe disse:
— Não sei por que você aguenta tudo isso! Eu já teria espetado todos eles com os meus espinhos. Com essa boca tão forte que você tem, por que não os morde?
Tuá pensou que o conselho do Porco-Espinho era muito bom! No dia seguinte, ela estava outra vez treinando quando alguns animais a rodearam, cantando a mesma canção de sempre.
— Tuá, Tuá, tartaruga tonta, pensa que é coelho... mas não sabe pular.
A pequena tartaruga sentiu que ia explodir como um vulcão em erupção e, sem pensar duas vezes, saiu espalhando mordidas.

Contos que Curam

Os animais fugiram gritando de dor! Depois daquela explosão de energia, Tuá sentiu que estava mais vazia, porém, de repente, algo aconteceu. Parecia que carregava algo pesado, muito mais pesado que sua carapaça, era como uma grande pedra no coração. Então, começou a chorar. O Tatu, que passava por ali e havia visto tudo, se aproximou da pequena tartaruga e disse:

— Tuá, sei que esses animais a provocam e a fazem sentir muita raiva, mas acho que mordê-los não a faz se sentir melhor, não acha?

— E o que eu posso fazer? Eles não deixam de me incomodar! Já estou cansada! – disse enquanto soluçava. Com pena da tartaruga, o Tatu resolveu lhe dar um conselho.

— Quando tenho medo, que é um sentimento que não posso controlar, eu me escondo na minha carapaça e só saio dali quando já estou mais tranquilo. Você também tem carapaça e poderia fazer o mesmo.

Tuá pensou que o conselho do Tatu era muito bom! Quando os animais voltaram com a mesma canção de sempre, ela se escondeu na sua carapaça enquanto eles seguiam cantando: — Tuá, Tuá, tartaruga tonta, pensa que é coelho... mas não sabe pular. Dentro da sua carapaça, a pequena tartaruga se sentia mais segura, e quase não escutava os insultos dos animais. Por isso, cada vez que eles tentavam incomodá-la, ela se escondia no seu lugar seguro. O problema é que os pequenos animais também eram muito persistentes; eles seguiam e seguiam provocando a pequena Tuá, que já quase não conseguia sair da carapaça. Então, ela percebeu que seu lugar seguro havia se transformado numa prisão e que agora, além de sentir muita, muita raiva, ela também sentia muita, muita tristeza.

Um dia, alguém se aproximou, não era uma voz conhecida, e Tuá não sabia de que animal se tratava:

— Tuá, me disseram que você é uma tartaruga que gostaria de ser um coelho. – Tuá se sentia tão triste que nem respondeu, pensou que deveria ser outro animal que queria rir dela. – Pequena, eu tenho um segredo para lhe contar... posso garantir uma coisa, você é muito mais rápida do que qualquer coelho.

— Não acredito nisso! Sou uma tartaruga tonta e lenta! – disse Tuá, sem sair da carapaça.

— Ah! Tuá, você está enganada! É verdade que aqui na terra você não é muito rápida, porém se aceitar quem você realmente é e entrar no mar, verá como será muito mais veloz do que qualquer coelho, e de coelhos eu entendo muito. Tuá tirou um pouco a cabeça da carapaça e viu que quem estava falando com ela era o Coelho, então pensou que talvez devesse escutar seu conselho e começou a caminhar na direção do mar. Mas, antes que entrasse na água, o mesmo grupo de animais de sempre começou a segui-la cantando aquela horrível canção: "Tuá, Tuá, tartaruga tonta, pensa que é coelho... mas não sabe pular".

Graziela Jacuniak Rodrigues

A pequena tartaruga sentiu tanta raiva que teve vontade de morder... sentiu tanta tristeza que teve vontade de se esconder na sua carapaça, mas dessa vez olhou o grande mar e percebeu que as ondas a chamavam, ela tinha de seguir adiante. Quando entrou na água, seu corpo se sentiu relaxado e toda a raiva desapareceu. Queria conhecer novos lugares e percebeu que suas patas a impulsionavam adiante, cada vez mais forte e mais rápido. O Coelho tinha razão, ela era muito rápida, e ficou ainda mais rápida quando conheceu as correntes oceânicas que a transportavam a lugares muito distantes. Conheceu novos amigos e sempre que encontrava algum pequeno animal que necessitava de ajuda lhe contava a história da tartaruga que desejava ser um coelho. Sua história foi contada e recontada por muitos animais que criaram uma nova canção para ela. Você quer aprendê-la?

> "Tuá, Tuá, Tartaruga sábia,
> aceitou quem era,
> viajou pelo mundo
> porque começou a nadar."

Oficina Contoexpressiva RAIVA – Consciência emocional para transformar

Objetivo: esta oficina tem como objetivo desenvolver a consciência emocional, a autoestima e a aceitação nos participantes. Por meio do conto "Tuá", escrito por Claudine Bernardes, introduziremos os elementos simbólicos que servirão de sementes para o despertar do conhecimento e provocaremos um diálogo interno nos participantes, para que possam interiorizar a mensagem da atividade. Depois utilizaremos uma metáfora simbólica sensorial para aprofundar ainda mais a mensagem que desejamos transmitir. Para que uma pessoa tenha a consciência emocional e consiga canalizar a sua emoção de forma positiva e equilibrada, ela deve ser, principalmente, uma pessoa que conheça seus talentos. Por essa razão, trabalharemos bastante o fortalecimento da autoestima e aceitação. Ainda que tenha como público "crianças" pode ser adaptada para adolescentes e adultos.

A oficina está dividida em quatro partes, descritas a seguir.

Parte 1. Introdução: vamos conectar os participantes com o conto perguntando se alguém já sentiu vontade de ser um animal ou outra pessoa, ou, ainda, quis ter outra profissão, no caso de adultos.

Parte 2. Conto: criado exclusivamente para essa oficina e possui elementos simbólicos que serão explicados mais adiante;

Contos que Curam

Parte 3. Atividade didática: os elementos "Labirinto, Caixa de Espelhos e Chave" foram desenvolvidos com o objetivo de conectar-se emocional e simbolicamente de forma sensorial com os participantes.

Parte 4. Final: encerraremos a atividade fazendo uma proposta de quebra-cabeça dos bichos e uma lista com a identificação dos seus talentos que ainda não foram utilizados. Para os adolescentes e adultos, será realizado/proposto um cronograma de novas ações que possam fazer para canalizar as emoções e alcançar seu propósito.

Parte 1 – Introdução

Para que os participantes possam iniciar uma reflexão sobre o tema do conto, pergunte se eles já tiveram vontade de ser um animal, de ser outra pessoa ou de ter outra profissão (no caso de adultos). Separe algumas imagens de animais, de pessoas e de profissões, e leve para que eles possam ver. Deixe-se guiar um pouco pelo ambiente que é criado por meio dessa introdução para conhecer melhor o grupo. Essa é uma parte importante porque ajudará os participantes a conectar-se com os personagens, à história e aos símbolos contidos nela.

Parte 2 – Conto: Tuá (Por Claudine Bernardes)

2.1 – Perguntas
- O que você entendeu da história?
- Se Tuá é um símbolo, quem ela representa?
- Quais emoções estão presentes na história?

Parte 3 – Atividade didática: O labirinto, a caixa de espelho e a chave

Comece essa parte introduzindo a mensagem:
"Muitas vezes nos sentimos perdidos e entramos em locais, momentos e sentimentos para os quais não vemos uma saída ou uma forma de lidar. Normalmente, buscamos no outro ou no mundo externo como podemos sair daquela situação. Onde encontramos as respostas para o que nos angustia?".

1. Construa um labirinto com fita crepe de acordo com o modelo a seguir. Ele deve possuir uma entrada e uma saída. Ao centro, coloque a caixa de espelhos e depois direcione para a chave que leva à saída. Esse é um labirinto grande, no qual as crianças possam entrar juntas, para grupos de no máximo oito pessoas. O tamanho você fará de acordo com o espaço físico da sala.

Graziela Jacuniak Rodrigues

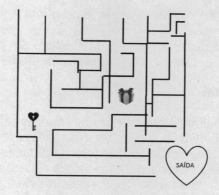

O labirinto é um símbolo ancestral, presente nas mais diversas culturas, e é normalmente representado como um complexo de caminhos enredados, elaborados de forma a desnortear aqueles que tentam encontrar a saída. Simboliza os desafios e as aflições que precisamos atravessar para encontrar a saída.

2. Utilize uma caixa de papel ou mdf de aproximadamente 20 cm x 20 cm e cole dentro um espelho. Deve ser uma caixa bem decorada, que faça as crianças quererem ir ao encontro dela.

3. Instrua as crianças a achar o caminho para a caixa de presente em equipe, e a abrirem, juntas, essa caixa.

4. Após abrirem a caixa de presente e verem o espelho, faça a reflexão sobre o que estão vendo com a seguinte pergunta: o que tem nessa caixa?

5. Após essa reflexão, peça às crianças que sentem no labirinto, distribua folha e lápis e faça algumas das perguntas abaixo (de acordo com seu tempo disponível e o nível de maturidade da turma):

- O que você mais gosta de fazer?
- Quais são suas maiores habilidades?
- Quais são suas características mais marcantes?
- Qual é seu maior medo?
- O que lhe traz felicidade?
- Você tem usado sua energia e talento a seu favor?
- O que faz você ter bom humor?
- Que tipo de ambiente mais desperta sua capacidade de sonhar?
- O que deixa você com raiva?
- O que deixa você triste?
- Se tivesse poderes mágicos, o que mudaria em você?

6. Após essa atividade, diga ao grupo que é hora de pegar a chave juntos.

Junto da chave, coloque a seguinte pergunta a ser respondida ao facilitador:

Sua felicidade depende de alguém? A resposta que levará ao caminho da porta de saída é "não", depende apenas de eu me conhecer.

Parte 4 – Final

Você pode finalizar a oficina com as crianças utilizando um quebra-cabeça de animais, que deve ter em cada parte a metade de um animal, de forma que quando elas forem unidas formem outro. Por exemplo, se juntarmos o pato com o galo, a cabeça do pato e a parte de baixo do galo, teremos o PALO. Podemos brincar e refletir sobre como ficou? As características, se é o mesmo bicho. O que mudou?

Esse animal que montamos consegue fazer as mesmas coisas?

Se forem adolescentes e adultos, você pode finalizar trazendo uma definição sobre propósito e entregando uma folha em branco e lápis, e fazendo um plano de ação com base nas descobertas anteriores com as seguintes perguntas:

• Qual o seu propósito?
• Com base nas descobertas anteriores, liste três ações que você fará para alcançar seu propósito.
• Quando você fará?
• Como você poderá saber se alcançou seu propósito?

> Saber qual é o propósito é saber o que viemos fazer aqui, e o que viemos fazer aqui está intimamente relacionado àquilo que essencialmente somos, ou seja, o programa individual da alma está relacionado à consciência do Ser. Assim como a laranjeira só pode dar laranjas, o ser humano só pode dar um tipo de fruto: o amor, pois o amor é a sua essência. Porém, o amor é um fruto que pode se manifestar de infinitas maneiras. Cada alma traz consigo dons e talentos que são a maneira única que o amor se expressa através de nós.
> (Sri Prem Baba).

Após a finalização das atividades com o grupo, sugiro encerrar a Oficina com a música "Sentimentos são", do filme *A bela e a fera*:

Sentimentos são
Fáceis de mudar

Graziela Jacuniak Rodrigues

Mesmo entre quem
Não vê que alguém
Pode ser seu par

Basta um olhar
Que o outro não espera
Para assustar e até perturbar
Mesmo a bela e a fera

Sentimento assim
Sempre é uma surpresa
Quando ele vem
Nada o detém
É uma chama acesa

Sentimentos vêm
Para nos trazer
Novas sensações
Doces emoções
E um novo prazer

E numa estação
Como a primavera
Sentimentos são
Como uma canção
Para a bela e a fera

Sentimentos são
Como uma canção

Contos que curam

Capítulo 5

Oficina de autoconhecimento, identidade e pertencimento

Em algum momento da vida, todos nós nos deparamos com questionamentos. Quem nunca se perguntou "Por que eu existo?" "Para que eu existo?" "Por que estou aqui?". São dúvidas existenciais, e desenvolver o autoconhecimento, a identidade pessoal familiar e o sentimento de pertencimento são de grande ajuda.

Ivanete de Andrade

Contos que Curam

Ivanete de Andrade

Filha de Geralda e Oliveira; neta de Dulce, Olavo, Joana e Manoel; casada; mãe de Ready, Hany, Hadash, Valentina, Sucata, Nino e Nina; tia e eterna aprendiz. Professora graduada em Pedagogia pela Unimontes, pós-graduada em Docência da Educação Infantil pela UFU e Educação Musical e Ensino de Artes pelo Instituto Prominas, trabalha com técnicas de Contoexpressão – Educação Emocional e Terapia através dos Contos. Janaubense de nascimento e moradora de Uberlândia em Minas Gerais. É grata por toda sua ancestralidade, pois pavimentou o caminho que está trilhando.

Contatos
souivaneteandrade@yahoo.com.br
Instagram: @tia.ivanetepretinha
(34) 99150-2870

Ivanete de Andrade

Conto
PRA ONDE FOR, LEVO VOCÊ NO MEU CORAÇÃO
Por Ivanete de Andrade

Bejide era uma menina como qualquer outra. Para uns, era muito pequena, para outros, grande demais; para alguns, era chorona; para outros, "falava pelos cotovelos". Alguns achavam que devia falar mais. A verdade é que nunca agradava ninguém, e isso doía muito, nem sabia explicar.

Quem a consolava nos momentos de dor e tristeza era a sua doce avó, que sempre tinha um chazinho para aquecer ou animar, e cultivava um jardim-horta maravilhoso com tudo que a gente precisa.

Quase todo fim de tarde, a mágica e o encantamento aconteciam no colo da avó, ela aconchegava os netos e lhes "afagava a alma" com incríveis histórias dos mais maravilhosos tempos de reis e rainhas. Contava com água nos olhos as histórias de seus ancestrais.

Quando sua mãe lhe disse que ela iria para escola, Bejide ficou surpresa e sentiu medo. Mas, ao contar para a avó, que, entusiasmada, falou sobre a beleza e a necessidade de aprender coisas novas, de ler e escrever, a escola pareceu um paraíso para Bejide.

Bem, não foi assim, a professora era uma mulher azeda, e tinha uma régua de madeira enorme. Quando as crianças erravam o que ela mandava fazer, dava reguadas nas mãos e nos braços[1]. Quando choravam, a professora gritava com elas.

Os coleguinhas não gostavam de brincar com ela, falavam palavras que a machucavam, o que a deixava mais triste.

Bejide chorava quase todas as noites, chorava até dormir. Seu coração estava despedaçado de dor e tristeza, ela só queria um colo. Não queria mais ir à escola, contava os dias para as férias chegarem.

Enfim, férias! Numa tarde Bejide foi para o jardim-horta. A avó percebeu seus olhos avermelhados e aproveitou para perguntar sobre como ela estava. Quis saber da professora, dos colegas, se eles a tratavam bem. Ia perguntando enquanto ia limpando os canteiros. Vi que estava chorando. Estava muito triste antes das férias. Quer me contar o motivo?

---

[1] Nessa época, não havia ainda a lei da palmada, portanto era permitido corrigir as crianças com castigo físico.

Contos que Curam

Bejide, com olhos tristes, olhava para ela. Parece que a avó adivinhava, pensou.

— Sabe, essas plantinhas que estou removendo são danosas para as outras, são indesejadas, nascem sem serem plantadas e precisam ser tiradas. Assim é na vida da gente, tem palavras que precisam ser tiradas de dentro de nós senão elas nos matam. As plantas precisam de uma boa terra, sol e água para crescer e florir – falou a avó. — Ah! E cuidados diários. Por isso, todo dia eu venho aqui. E as pessoas, você sabe do que elas precisam?

Bejide ficou pensativa olhando para avó, admirando-a, sentindo que ela ocupava um espaço cada vez maior em seu coração.

— As pessoas, Bejide, precisam de amor, carinho, atenção e cuidado para florescerem. – E lhe deu um abraço tão bom que Bejide quis ficar ali para sempre. Nesse momento, as suas lágrimas brotaram como um rio. — Oh! Querida, chore, não tem problema nenhum chorar. – Consolava-a. — Chorar faz bem, lava nossa alma. – E Bejide chorou até soluçar. Sentiu-se segura, confiante, e desabafou, colocando para fora tudo que estava em seu coração e lhe dava tristeza e dor.

A avó a acariciava e ninava com sua voz macia e doce, aninhando-a confortavelmente em seu colo. Quando o choro estancou, olhou-a de frente e disse:

— Vou te contar uma história que nunca contei. Em tempos passados, nossos ancestrais viviam em paz e harmonia em um lugar muito distante. Vieram inimigos e, à força, os prenderam com cordas e redes. Homens, mulheres e crianças, até os mais velhos, foram aprisionados e levados para um grande navio que estava no mar. Muitos morreram antes mesmo de chegar ao navio, contava a minha avó, a sua tataravó. O lugar dentro do navio era horrível, todos ficavam amontoados, não tinha comida nem água. As crianças choravam desesperadas, os que resistiam eram amordaçados e acorrentados.

Os captores se achavam no direito de escravizá-los e humilhá-los. Foram diminuídos como povo, como humanos. Foi esse povo que de fato construiu o Brasil, e não era reconhecido, tinha de lidar todos os dias com isso...

Até hoje há pessoas assim. Alguns são malvados, outros fazem por que veem outros fazerem e acham que é o certo.

Mas eles sabiam o quanto eram valiosos. Entre o povo que veio do lado de lá, tinha guerreiros, reis, rainhas, príncipes e princesas; e em você, minha pequena, corre esse sangue especial, então você pode tudo. Só não aprendeu a ler ainda por que não chegou a hora, mas olhe o tanto que você já aprendeu. Quanta coisa você já conquistou! Você é esforçada, valente, linda, respeitosa, é o meu tesouro! Tenho orgulho de você! Você é a neta que eu sempre quis! Por isso, as palavras mentirosas e más das pessoas não definem quem você é de verdade, o que eles querem é diminuí-la, fazer com que se sinta incapaz. Erga a cabeça, mostre como é forte e inteligente.

Bejide olhava para a avó com olhos de amor, ternura e esperança.

— Vamos aproveitar esses dias que você vai ficar aqui e treinar leitura e escrita? – perguntou a avó.

Bejide, com os olhos vermelhos, respondeu:

— Eu ia adorar, vovó!

Ela sentia um orgulho danado de ser descendente de um povo tão sábio e nobre. Quando alguém falava algo de sua aparência, ela respondia:

— É herança dos meus antepassados, meus ancestrais que vieram do lado de lá.

Foi entre o jardim-horta e muitas histórias que ela aprendeu a ler e a escrever. Escrevendo no chão de terra com "varinha mágica" de galhos secos, com água nas paredes da casa, ou com folhas que caíam no chão, e depois escrevendo as receitas de chá que faziam e tomavam juntas, ela e a avó. Quão surpresa ficou ao ver que já estava lendo e escrevendo! Foi uma alegria só, ela até cresceu, estufou o peito, endireitou a coluna, levantou a cabeça e transbordava felicidade.

Foram momentos marcantes que ficaram registrados na alma e para sempre levaria dentro do coração. Os dias de Bejide com a avó eram dias incrivelmente maravilhosos!

E, de fato, a professora ficou murcha como alface velha quando foi tomar a leitura de Bejide e ela leu perfeitamente! Agora, todos querem brincar com ela. Embora alguém tente lhe colocar apelidos maldosos, ela não se importa mais, sabe que é mentira e que aquelas palavras não determinam quem ela é de verdade. Sabe o que ela faz quando isso acontece?

Bejide abre um lindo sorriso, com seus belos dentes brancos de princesa africana, porque reconhece o seu valor. Ela é um tesouro! E ninguém pode arrebatar-lhe a certeza de ser esse valioso tesouro.

Oficina de autoconhecimento, identidade e pertencimento

Objetivo: se executada para pais e profissionais, mostra-lhes o universo da criança e os desafios que enfrentam em suas relações; que são necessárias uma escuta ativa para com a criança e uma ação com afirmações positivas que a fortaleçam e contribuam para o desenvolvimento de uma autoestima elevada. Crianças precisam ser ouvidas. Crianças felizes precisam falar, contar, se sentir seguras, amadas e amparadas. É necessário dispensarmos tempo com nossos pequenos, aprendentes e ensinantes. Existem muitos adultos que carregam uma bagagem de frustração e dor porque não foram devidamente ouvidos e acolhidos quando pequenos. Para os adultos, é uma busca de sua identidade étnica e pertencimento, para as crianças é reconhecer e identificar sua origem, identidade racial e pertencimento.

A oficina está dividida em:

Parte 1. Introdução: vamos conectar os participantes com seus próprios tesouros por meio de uma dinâmica.
Parte 2. Conto: criado exclusivamente para esta oficina e possui elementos simbólicos.
Parte 3. Atividade didática: os participantes irão construir seu próprio baú do tesouro pessoal.
Parte 4. Bastão da fala: momento de interação entre os participantes para compartilhar os aprendizados na oficina.
Parte 5. Final: encerrar com a leitura de um texto ou de uma música e um chá para selar o momento de intimidade e deixar que os sentimentos sejam equilibrados.

Parte 1 – Introdução

1 – Baú do tesouro
Pedir antecipadamente para os participantes levarem algo que os remeta ao passado, a um lugar, a uma pessoa, um objeto, um sentimento.

Mostrar uma caixa em forma de baú previamente preparada, bem fechada. Dentro da caixa, deve haver um espelho, se possível do tamanho da caixa ou um pouco menor. Falar que existe um tesouro de grande valor, tão valioso que só existe uma espécie desse tesouro, é única, não há outra igual, e esse tesouro está ali dentro do baú. E como ele é muito precioso, é preciso bastante cuidado, por isso você vai mostrá-lo a um por vez e ele não pode ser contado para ninguém. Cada participante deve olhar o tesouro e guardar segredo. Quando a pessoa olhar o tesouro, ela verá refletida a sua própria imagem e terá reações surpreendentes. Observe a reação dos participantes nesse momento. Instigue a curiosidade, faça perguntas: descobriram o tesouro? Que tesouro é esse? Viram como é especial esse tesouro? Reis, rainhas e princesas no mundo inteiro gostariam de se parecer com esse tesouro. É único! Não existe no mundo um tesouro como esse.

Evidencie quão valioso, importante e único é cada um deles.

Em seguida, inicie o conto assim: "Em um lugar não muito distante existe um tesouro como esse que vocês viram no baú...". E prosseguir com o conto.

Parte 2 – O conto

A história trata da relação de uma menina com sua avó que lhe transmite amor, segurança, carinho e conhecimentos de vida. Diante dos desafios que a vida ia lhe propondo, a avó ia ocupando um espaço cada vez maior em seu coração. A avó ouvia ativamente o que a garotinha lhe falava, estava sempre presente. A criança lhe era visível numa época em que a invisibilidade infantil era característica. A avó é uma referência de identidade tanto nas suas falas como nas suas atitudes, fundamental para desenvolver o sentimento de pertencimento e elevar a autoestima da pequena.

Você pode ler o conto, contá-lo com suas palavras ou contá-lo usando *kamishibai* ou outro recurso que for de sua escolha. *Kamishibai* é um recurso de origem japonesa formado por um suporte de madeira (pode ser de papelão), onde se colocam as páginas em sequência. No verso da última página, redige-se o texto que será narrado para cada ilustração à medida que for sendo contada.

Parte 3 – Atividade didática *Fazer o baú do tesouro pessoal*

Levar materiais de papelaria, artesanato, retalhos, botões, cola, caixinha de papel desmontável. Pedir para confeccionarem um "baú do tesouro" pessoal, decorado segundo seu gosto e criatividade, colocar lá dentro o que trouxe que o remete às lembranças, ou seja, o seu "tesouro".

Parte 4 – Bastão da fala

Confeccionar um bastão de galho seco enfeitado com fitas coloridas, pedras, penas, miçangas, chocalhos. O bastão da fala dá a quem o segura o direito de falar sem ser interrompido, questionado ou constrangido. Forme um círculo com o grupo e inicie explicando que todos que quiserem poderão falar, porém precisam estar com o bastão e falar o que sentir no coração. E quem falar não poderá ser interrompido: enquanto uma pessoa fala, as outras ouvem sem questionar.

Perguntas para direcionar o momento:
• Como foi encontrar o "tesouro"?
• Como se identifica com esse tesouro?
• Se quiser falar, o que ele significa?
• Qual é a relação com o tesouro?
• Que sentimentos emanam dele?
• Como você se sente em relação à história contada e suas personagens?

- Qual é o tesouro dessa história?
- Faça perguntas adequadas à idade dos participantes.

Parte 5 – Final

Os participantes poderão estar bem envolvidos emocionalmente na oficina, pois as experiências são únicas e intransferíveis, cada pessoa terá uma reação diferenciada, não dá para prever o grau de emoções. Sirva chá de ervas para todos. A bebida consegue nos acalmar e nos leva a um lugar confortável e seguro. Seguem sugestões sobre como finalizar a oficina:

1- Leia um texto, um poema, que reflita a existência e o nosso valor pessoal.
2- Se for feita com crianças pequenas, coloque música que valorize cada uma delas especificamente e cante com elas. Caso a canção não seja conhecida, ensine a letra, leve a música escrita. Distribua abraços e palavras de afirmação positiva como, por exemplo:

- Você é forte! Peça para eles responderem assim: "Eu sou forte!".
- Você é inteligente! Bom! Você se esforça! — "Eu sou inteligente! Bom! Eu me esforço!".
- Você é linda/lindo! —"Eu sou linda/lindo!".
- Você se respeita! — "Eu me respeito!".
- Você não é melhor que ninguém! — "Ninguém é melhor do que eu!".
- Você é incrível! — "Eu sou incrível!".
- Você é ótima/ótimo! — "Eu sou ótima/ótimo!".
- Qual é o seu nome? — "Meu nome é...!".
- E se você cair? — "Eu me levanto!".
- O que você é? — "Abençoada/Abençoado!".

Pode ser um abraço coletivo, as crianças amam.

Obs.: essas afirmações positivas poderão ser feitas com adolescentes e adultos.

Referências

CARDOSO, Milene. *Identidade e autonomia – Dinâmica do espelho*. Disponível em:<http://planosdeaulaeducacaoinfantil.blogspot.com/2015/01/identidade-e-autonomia-dinamica-do.html>. Acesso em: 22 de nov. de 2018.
LOCUST, Carol. *O bastão da fala*. Disponível em: <http://www.aada.org.br/dermatite-atopica/o-bastao-da-fala/>. Acesso em: 22 de nov. de 2018.

Contos que curam

CAPÍTULO 6

Oficina da gratidão

Gratidão sempre é o segredo. Pelas coisas boas que acontecem, e pelas ruins que viram lições. As histórias já teceram muitas coisas boas em minha vida. Neste capítulo, trago exemplos que fortaleceram a vida familiar com a chegada de nossa segunda filha.

Malucha Nunes Caetano Pacheco

Contos que Curam

Malucha Nunes Caetano Pacheco

Mãe da Anallu e da Alice, Bacharel em Psicologia pela UNISUL. Psicóloga formada pela UNISUL, Psicodramatista, Psicopedagoga Clínica e Institucional pela IEP/UNIASSELVI, Pós-Graduada em Educação Especial Inclusiva pela São Braz. Coach Vocacional pelo Instituto Maurício Sampaio, KidCoach pelo Instituto de Coaching Infanto Juvenil. Facilitadora da Jornada das Emoções, diversos cursos em Disciplina Positiva, Livroterapia, Facilitadora Licenciada no Programa Educação Emocional Positiva. Formação em Conto Expressão pela EPsihum- Escuela de Terapia Psicoexpressiva. Especialista em Avaliação Psicológica. Educadora Parental Certificada pela Positive Discipline Association (DPA-USA), Mestranda em Contoexpressão pela EPsihum- Escuela de Terapia Psicoexpressiva.

Contatos
www.psicologamalucha.com.br
psicomalucha@gmail.com
Instagram: Psicomalucha
Facebook: Malucha Nunes Caetano Pacheco

Malucha Nunes Caetano Pacheco

Conto
UMA HISTÓRIA REAL DE AMOR
Por Malucha Nunes Caetano Pacheco

"A gratidão é a virtude das almas nobres."
Esopo

Em um reino não muito distante, viviam um rei e uma rainha que se amavam muito. Governavam o reino com amor e alegria, porém um dia a mãe da rainha ficou extremamente doente e todo o reino entristeceu. Como ela desejava ser avó, a rainha prometeu a Deus que se a sua mãe sobrevivesse iria presenteá-la com um lindo bebê. Para alegria de todo o reino, a mãe da rainha se recuperou e logo depois nasceu uma linda princesa, que trouxe muita luz a todo o reino, por isso resolveram dar-lhe o nome de Luz.

Os anos foram passando e a pequena princesa foi crescendo como um raio de sol, alegre, tagarela e amada por todos. Porém, ela sentia que algo faltava no reino, e percebeu que necessitava de alguém para compartilhar as suas travessuras de criança, necessitava de um irmãozinho. Então após muita insistência de Luz, seus pais resolveram presentear o reino com um novo membro na família real. Quando a rainha engravidou, a pequena princesa ficou tão feliz que pulou de alegria e até chorou de emoção. Durante toda a gravidez cuidou muito da sua mãe, lhe dava carinho e conversava com a sua irmã que ainda estava na barriga da rainha. Isso mesmo, sua irmã, porque seria uma menina, e Luz até já havia escolhido o nome, se chamaria Nina.

Quando a pequena princesa Nina nasceu todos se alegraram, mas não precisou muito tempo para Luz descobrir que ter uma irmã não seria tão fácil como ela supunha, era preciso muito mais que amor. Na verdade, a família toda descobriu isso. Nina não dormia bem e chorava muito quando a mãe não estava por perto e, por essa razão, a rainha tinha que passar quase todo o tempo com ela. Sem a ajuda da rainha, o rei tinha que cuidar da organização do reino sozinho e sem a atenção do pai e da mãe, Luz começou a sentir-se sozinha, às vezes triste e também decepcionada, porque a bebê havia mudado a vida de todos.

Contos que Curam

Não passou muito tempo para que todos no palácio se sentissem cansados, tristes e frustrados. Às vezes, tudo isso se misturava ocasionando um verdadeiro caos. Então, a rainha teve a brilhante ideia de chamar a Fada do Conhecimento para ajudar-lhes. Todos no palácio se reuniram para ouvir a fada que apareceu com seu livro enorme, observou a todos e começou a dizer:

— Uhum, deixa ver... sim, aqui está... aham.., sim... sem dúvida, o reino está muito confuso! Estou observando rostos cansados, tristes, alguma frustração aqui, outra acolá... Oh, não! E alguns rostos demonstrando raiva! Há uma grande mistura de emoções... sei que vocês não estavam acostumados com tudo isso... Vou explicar a vocês:

— As emoções envolvem todo o nosso ser de sensações que sentimos mesmo sem querer... – Nesse momento a rainha começou a chorar, estava muito cansada, sentia-se culpada, sem saber o que fazer.

— Fique tranquila querida rainha! Vejo que há um misto de emoções dentro de todo o reino.

— Como assim? Perguntou Luz, surpreendida.

— Ah! Minha querida princesa, às vezes a tristeza se junta com a surpresa e se transforma em decepção. Já sei o que podemos fazer! Vamos procurar as outras fadas do reino para que vocês compreendam melhor as emoções que estão vivendo.

Após falar isso, agitou sua varinha de condão... de repente apareceram outras fadas, cada uma delas com um lindo vestido longo, brilhante, de cores variadas. Todas estavam desejosas de ensinar como o reino poderia encontrar o equilíbrio outra vez. A primeira a falar foi a Fada do Medo, ela explicou que flutua entre pensamentos como: "Nada vai dar certo", "Algo de ruim está para acontecer", mas também explicou que ajuda o reino a estar em alerta contra o ataque de inimigos.

Depois foi a vez da Fada da Tristeza, que explicou que flutua entre pensamentos como: "Eu faço sempre tudo errado", "Ninguém quer me ajudar", "Ninguém gosta de mim"... Porém foi interrompida pela Fada da Raiva que, impulsiva e cheia de energia, disse:

— Eu já não quero esperar! Todos querem falar e não me dão espaço, parece até que querem me provocar!!

Tentando salvar a situação, a Fada do Conhecimento disse:

— Acalme-se Fada da Raiva, respire fundo! Tenha um pouquinho de paciência, é claro que todos irão escutá-la. – Envergonhada a Fada da Raiva se escondeu atrás de sua amiga a Fada da Tristeza. — Como vocês podem ver – continuou – a Fada da Raiva flutua sobre pensamentos negativos. Mas não se enganem, cada uma de nós somos importantes e para manter o reino em equilíbrio basta conhecer-nos melhor.

A família real percebeu que tinha muito que aprender. Então, a Fada do Amor falou:

— Eu ainda não falei! – Nesse mesmo instante se sentiu tonta e quase caiu.

— Deixa que eu falo por você – disse a Fada da Tristeza – A Fada do Amor está muito cansada, porque tem trabalhado em excesso para manter o reino unido. É ela quem nos ajuda a sentir-nos equilibrados para que cada emoção cumpra a sua função. Quando o Amor está forte, a Raiva se tranquiliza e a tristeza passa.

Então, a Rainha sugeriu:

— Vamos procurar outras fadas que possam ajudar a Fada do Amor a manter o equilíbrio do reino? Poderíamos buscar a Fada do Autocontrole, a da Serenidade.

— Também devemos ter por perto a Fada da Esperança e a Fada da Diversão. O que acham? – Perguntou o Rei.

— Eu também quero falar! – disse a princesa Luz toda contente — Acho que devemos procurar a Fada da Paciência e a Fada da Gratidão.

— Minha filha você conhece a Fada da Gratidão? – perguntou a Rainha surpreendida.

— Não mamãe, mas todos os dias na hora de dormir ouço você falar em gratidão escrevendo em seu diário, por isso pensei que a Fada da Gratidão deveria ser muito especial.

Ainda se sentindo cansada, porém desejando ajudar, a Fada do Amor disse:

— Queridos, a Fada da Gratidão realmente seria de muita ajuda. Mas, para encontrá-la, vocês devem desejar de todo o coração que ela apareça e, para isso, precisam usar suas forças internas. – O problema é que ninguém entendia o que eram "forças internas", por isso ela continuou explicando — As forças internas estão formadas pela nossa capacidade de perdoar, de não desistir, de acreditar que vai dar certo quando tudo parece difícil.

Era incrível tudo o que haviam aprendido naquele dia! E para demonstrar isso, todos começaram a colocar em prática suas forças internas. Pediram perdão uns aos outros; sorriram acreditando ainda que estivessem cansados e prometeram que não desistiriam de buscar a Fada da Gratidão.

De repente, apareceu a Fada da Gratidão trazendo uma sopinha quente para a Fada do Amor, que ficou totalmente restabelecida. Depois ambas, utilizando as suas varinhas mágicas, fizeram a família real flutuar até o centro do grande salão do palácio e depositaram a pequena Nina no colo da Princesa Luz. Era a primeira vez que ela segurava a sua irmã nos braços, e naquele momento Luz sentiu que o amor inundava o seu coração de gratidão, e a gratidão fazia com que esse amor fosse ainda mais forte e mais poderoso. O reino por fim estava unido e fortalecido, graças à pequena Nina que veio ensinar a importância de ser grato ainda quando tudo parece ser um caos.

Oficina da gratidão
Gratidão sempre será o segredo. Pelas coisas boas que acontecem, e pelas coisas ruins que viram lições.

Objetivo: esta oficina tem como objetivo praticar e desenvolver a atitude e o sentimento de gratidão. Utilizando o conto "Uma história real de amor", introduziremos os elementos simbólicos que servirão de sementes para o despertar do conhecimento provocando um diálogo interno nos participantes. O objetivo é oferecer alguns direcionamentos lúdicos para o aprendizado do sentimento de gratidão, auxiliando as famílias na abertura de novos horizontes sentimentais e na ampliação de suas atitudes e repertórios. A intenção é fazer o possível e o impossível para que a pessoa usufrua do sentimento de GRATIDÃO nos mais variados aspectos. GRATIDÃO é definida como uma disposição ou tendência em sentir-se feliz, reconhecendo e respondendo a ações de bondade. É composta por aspectos emocionais, isto é, amabilidade, alegria, apreço. A gratidão tem sido associada ao bem-estar e à felicidade. Pode-se dizer que ela é uma habilidade, na medida em que se aproxima mais de uma atitude do que propriamente de um sentimento. Ser grato é poder movimentar a vida com pensamentos e sentimentos, apreciando as circunstâncias boas e as más, pois ambas produzem aprendizados. Agradecer é uma virtude que propicia a todos amor à vida que nos foi dada.

A oficina está dividida em quatro partes

Parte 1. Introdução: vamos conectar os participantes aos termos utilizados no conto.
REINO: a casa da família.
RAINHA: a mãe.
REI: o pai.
PRINCESAS: os filhos.
FAMÍLIA REAL: a família.
FADAS: os sentimentos e emoções vividos.

Parte 2. Conto: o criado para esta oficina possui fatos reais que foram adornados com elementos simbólicos.
Parte 3. Atividades didáticas
3.1. Atividade 1: Brincadeira "Caça às fadas".
3.2. Atividade 2: "Diário da Gratidão".
Parte 4. Finalização: análise grupal da vivência.

Malucha Nunes Caetano Pacheco

Parte 1 – Introdução

Para que os participantes possam entender os conceitos utilizados no conto, o facilitador deve fazer as perguntas abaixo sugeridas, ou outras que considere necessárias:
- Você conhece algum conto de fadas?
- Qual é o seu conto preferido?
- Quais são os personagens que mais aparecem nos contos?
- Os contos de fadas geralmente começam com uma frase assim: "Era uma vez um reino distante... O que você acha que é um reino?

Parte 2 – Conto

2.1 – O facilitador deve contar o conto "Uma história real de amor".

2.2 – O facilitador deverá fazer algumas perguntas para ver como os participantes compreenderam a história.
- O que você entendeu dessa história?
- Você se identificou com algum personagem?

2.3 – Para refletir (música tranquila, fechar os olhos).
O facilitador deverá pedir que os participantes fechem seus olhos e os conduzirá com a seguinte fala:
— Pense nas pessoas que você ama muito e nos momentos bons que passaram juntos. O que o faz sentir-se feliz? Quando as coisas não saem do jeito que você esperava, ainda assim consegue ver alguma coisa boa nisso?
— Pense em algo que fez por alguém: quando ajudou sem esperar nada em troca, ou deu algum presente, como a pessoa se sentiu? E você como se sentiu depois?
— Quem são as três pessoas que mais ajudam você no dia a dia? O que elas fazem que poderia agradecer?

Parte 3 – Atividades didáticas

Material necessário: fadas no material complementar; 1 tesoura para cada pessoa; cola; lápis de cores; lápis de escrever; 1 "Modelo Base de Diário" por cada criança.

3.1 – Atividade 1: Brincadeira "Caça às fadas"
No material complementar desta oficina, você encontrará vários modelos de fadas que simbolizam sentimentos. Imprima ao menos uma cópia de cada uma delas, por cada participante. Distribua as fadas pelo espaço onde se fará a oficina, sendo que algumas estejam

em lugares visíveis e outras mais escondidas. Diga às crianças que elas devem "caçar" aquelas fadas que ajudarão a sua família ser mais feliz e completa. Depois de "caçar as fadas", as crianças poderão colorir e decorar as suas fadas, escolhendo as cores que consideram que expressam a emoção das fadas. É possível que não consigam colorir todas as fadas durante a oficina, assim os participantes poderão terminar a atividade em casa.

3.2 – Atividade 2: "Diário da Gratidão"

O Diário da Gratidão é um material psicopedagógico que visa fortalecer a capacidade de ser agradecido e resiliente. O mesmo vem sendo amplamente utilizado dentro da psicologia positiva obtendo ótimos resultados. Para realizar essa atividade, o facilitador deverá montar o Diário da Gratidão. Que será um caderno decorado com as fadas que eles caçaram. Esse exercício de decoração começará durante a oficina e continuará como atividade familiar, a ser desenvolvida na casa de cada participante. Para que isso seja possível, cada diário deve conter uma instrução para os pais, explicando a eles como deve funcionar. O facilitador entregará a cada criança o "Modelo Base do Diário" (1 caderno por participante, contendo as instruções para pais), e esta deverá personalizar o seu diário, colando na capa a fada que mais goste, e as outras em folhas alternadas dentro do próprio diário. Colorir as fadas (se o tempo permitir) e escrever o nome da criança na capa, de forma visível e bonita.

Para finalizar a atividade, o facilitador deverá guiar as crianças a fazerem a primeira anotação de gratidão do diário, seguindo esta sugestão:

a) Colocar a data;
b) Escrever alguma coisa que marcou o dia de hoje;
c) Registrar coisas pelas quais está agradecido(a), ex.: alguma pessoa que conheceu; coisas que fez e que gostou; algo novo que aprendeu; sentimentos; favores que recebeu; algo que fez pelos outros etc.

Parte 4 – Finalização (análise grupal da vivência): encerrar o encontro agrupando as crianças e perguntando o que elas aprenderam de novo hoje; pergunte se alguma delas gostaria de dizer ao grupo alguma coisa pela qual está agradecida.

Contos que curam

CAPÍTULO 7

Oficina de autoaceitação e de aceitação do outro

Na busca de sermos amados e aceitos pelos outros e termos um apaziguamento interno e acalmar as nossas ansiedades, muitas vezes seguimos padrões estabelecidos pela nossa família, pela comunidade em que vivemos, sem ousarmos nos aventurar pelo desconhecido. Outras vezes, não admitindo certas características em nós, projetamo-las nos outros, que passam a ser, em nossos pensamentos e sentimentos, os portadores dessas características indesejáveis. E nos afastamos daquelas pessoas que julgamos serem diferentes de nós, privando-nos de compartilhar ricas experiências com elas.

Maria Helena Lobão

Contos que Curam

Maria Helena Lobão

Psicóloga formada pela Pontifícia Universidade Católica de Minas Gerais, em Belo Horizonte, em 2005. Possui formação em *Coaching* Vocacional pelo Instituto Maurício Sampaio e curso de Orientação Profissional, ministrado pela empresa Consultar Gestão de Pessoas.

Contatos
lobaomariahelena@gmail.com
(31) 99464-5237

Maria Helena Lobão

Conto
A SEMENTINHA QUE ESCOLHEU SUAS QUALIDADES
Por Maria Helena Lobão

> "Só posso exercer a minha compaixão quando vejo aquilo que antes me incomodava no outro como um reflexo do que também está em mim."
> **Júlio Machado**

Era uma vez uma sementinha, que o vento levou para um lugar muito distante. O seu nome era Privilegiada. Ela era diferente das outras sementes. Todas as outras sementes já sabiam o que iriam ser quando crescessem, pois já traziam dentro de si as características que teriam quando se transformassem em árvores. Elas não podiam escolher suas características quando ficassem adultas. Privilegiada, no entanto, possuía dentro de si tantas características, algumas opostas entre si, que às vezes se sentia confusa.

Ela possuía diversos potenciais, que poderia escolher desenvolver ou não. Privilegiada tinha dentro de si o potencial de desenvolver folhas finas e delicadas, e o potencial de desenvolver folhas grossas e ásperas. Poderia desenvolver caules com cascas lisas, caules com cascas ásperas e caules com espinhos. Também poderia escolher exalar aromas agradáveis, aromas repugnantes ou aromas neutros.

Então, a sementinha, desejosa de ser amada por todos os seres humanos e pelos animais, escolheu possuir um caule com casca lisa, folhas sedosas e flores com um perfume muito gostoso, que atraía os pássaros, os insetos e os seres humanos.

À medida que escolhia determinada característica, Privilegiada jogava fora as características que não queria.

A sementinha brotou, e o seu delicado caule surgiu da terra. Surgiram também as primeiras folhas, inicialmente fechadas. Mas aos poucos elas foram se abrindo. A sementinha, então, se transformara em um broto e, depois, foi se transformando em uma árvore.

À medida que crescia, a pequena árvore percebeu que diante dela crescia uma outra árvore, com todas as características que ela havia rejeitado e jogado fora. A árvore que crescia à sua frente possuía um caule com cascas muito ásperas, folhas grossas, e suas flores, além de feias e sem-graça, possuíam um cheiro desagradável.

Contos que Curam

Um dia, resolveu perguntar o nome da sua vizinha:
— Como você se chama?
A outra plantinha respondeu:
— Eu me chamo Enjeitada.

A partir daí, nunca mais se falaram. Privilegiada não queria fazer amizade com uma planta que não se parecia com ela. Aliás, Enjeitada tinha todas as características que ela não queria ter. E Enjeitada, por sua vez, não sabia como poderia ser amiga de Privilegiada, não sabia sobre quais assuntos elas poderiam conversar, já que eram tão diferentes uma da outra.

Privilegiada não gostava de ter à sua frente uma planta que era o oposto dela, o oposto do que ela desejava e valorizava. No fundo, ela desejava que algum lenhador passasse por ali e cortasse Enjeitada.

O tempo foi passando, e Privilegiada, a plantinha de caule liso, de folhas sedosas e flores perfumadas, era a preferida dos animais e dos seres humanos. As abelhas, os pássaros e as borboletas pousavam em seus galhos para sugar o néctar de suas flores. As pessoas que ali passavam cheiravam as suas flores e tocavam as suas folhas.

Enjeitada, a outra plantinha, vivia isolada. Os animais e os seres humanos não se aproximavam dela, por causa do seu cheiro desagradável.

Um dia, veio uma chuva muito forte, que quase arrancou as duas árvores. Privilegiada foi a que mais sofreu, porque tinha o caule e as folhas mais frágeis.

Passado um tempo, houve também uma epidemia de insetos devoradores de plantas, que foram atraídos pelo doce perfume de Privilegiada.

Ao perceber que Enjeitada não havia sido atacada pelos insetos, ela lhe disse:
— Eu nunca quis ter cascas ásperas e perfume desagradável como você, mas agora começo a pensar que isso não é totalmente uma desvantagem. Você sofreu menos com a tempestade do que eu e não foi atacada pelos insetos devoradores de plantas, por causa do seu cheiro ruim.

Enjeitada respondeu:
— Eu tenho essas vantagens. Mas, por outro lado, gostaria muito de atrair as abelhas, as borboletas, os pássaros e os seres humanos, como você atrai. Sinto-me muito sozinha, ninguém se aproxima de mim.

E Privilegiada disse:
— Que tal se nós duas nos juntarmos para uma ajudar a outra? Eu dou a você um pouco do meu perfume para que você possa atrair os animais e os seres humanos. E você me dá um pouco do seu cheiro desagradável, para que eu afaste os insetos devoradores de plantas.

E assim elas fizeram. Cada uma das duas árvores passou para a outra um pouco de suas características. Dessa forma, ficaram mais alegres e fortalecidas.

Vieram tempestades, vendavais e insetos, porém agora ambas estavam fortalecidas e podiam enfrentar todas essas adversidades.

Maria Helena Lobão

E, quando havia calmaria, a brisa suave transportava o agradável aroma que ambas exalavam. Juntas, elas aprenderam a ser fortes como um carvalho e suaves como pétalas de rosas.

Oficina de autoaceitação e de aceitação do outro

Objetivo: contribuir para a reflexão dos participantes sobre aquilo de que gostam e o que rejeitam, percebendo que existem diferenças de valores e costumes entre as pessoas, e que, por não aceitarmos essas diferenças, nós nos distanciamos dos outros, privando-nos de compartilhar experiências e de nos enriquecermos com elas.

Esta oficina está dividida em quatro partes.

Parte 1. Introdução: preparação dos participantes para a oficina, por meio de perguntas relacionadas ao tema.
Parte 2. Leitura do conto: o conto foi criado para que as crianças reflitam sobre a aceitação de si e dos outros, com as suas "perfeições" e "imperfeições".
Parte 3. Atividade didática: a atividade "Desenhando e personalizando o meu boneco" tem por objetivo permitir que as crianças tomem consciência, expressem suas preferências e aceitem as preferências dos outros, bem como suas características individuais e as dos outros.
Parte 4. Conclusão: a atividade será encerrada com a apresentação do trabalho de cada criança, e com perguntas do instrutor sobre por que escolheu aquelas cores e texturas, bem como qual foi o sentimento da criança ao realizar a atividade.

Parte 1 – Introdução

Inicialmente, as crianças se sentarão em cadeiras ou no chão, em círculo, juntamente com o(a) facilitador(a).
Será solicitado a elas que:
1) Citem cores das quais gostam e cores de que não gostam.
O(a) facilitador(a) poderá apresentar para as crianças recortes de papel fantasia ou de outro material (outro tipo de papel, tecidos ou outros materiais) que apresentem cores lisas e variadas (branco, amarelo, laranja, vermelho, azul, verde, marrom, preto etc.).
2) Citem algum alimento de que gostam (pode ser fruta, verdura, legume etc.);
3) Citem algum alimento de que não gostam (pode ser fruta, verdura, legume etc.).
O(a) facilitador(a) poderá levar legumes, verduras e frutas variadas, para que as crianças peguem e digam se gostam do sabor;

4) Citem alguma flor de cujo perfume elas gostem.
5) Citem flores de cujo perfume não gostam.

O(a) facilitador(a) poderá levar flores soltas ou em pequenos vasos, para que as crianças cheirem e digam se gostam ou não do cheiro.

Em seguida, será perguntado a elas se as frutas, verduras, legumes e flores que elas mencionaram poderiam ser diferentes. O(a) facilitador(a) pega uma fruta ou legume e pergunta se ele poderia nascer com o sabor de outra fruta ou legume. Por exemplo: o jiló poderia nascer com o sabor de batata? Depois, pega uma flor dentre as que levou para a sala e pergunta se ela poderia nascer com o perfume de uma outra flor. Por exemplo: um cravo poderia nascer com o perfume de uma rosa?

Essa atividade inicial visa motivar as crianças para o conto "A sementinha que escolheu suas qualidades".

Parte 2 – Leitura do conto

O(a) facilitador(a) poderá fazer uma introdução dizendo para as crianças: "Então, eu vou contar para vocês a história de uma sementinha que recebeu o dom de poder escolher as características e qualidades que teria quando se tornasse adulta e se transformasse em uma árvore".

Parte 3 – Atividade didática "Desenhando e personalizando o meu boneco"

MATERIAL: (uma unidade para cada criança, exceto os pedaços de tecidos, cuja quantidade será maior)
– cartolinas brancas;
– lápis e borracha;
– caneta esferográfica preta;
– pratos de plástico para festa, com diâmetro aproximado de 16 cm
– régua de 30 cm;
– tesouras;
– vidros de cola;
– pedaços de tecido em grande quantidade, das mais variadas cores e texturas, incluindo tecidos com brilho e tecidos opacos, que serão distribuídos entre as crianças, de forma que todas recebam, se possível, tecidos com as mesmas tonalidades de cor e as mesmas texturas.

Desenvolvimento da atividade
1) O(a) facilitador(a) afixará o desenho de um boneco na parede e solicitará às crianças que façam um desenho parecido, com cabeça, pescoço, ombros, tronco, braços, pernas, pés e mãos, usando o material que foi disponibilizado para elas: cartolina, lápis, borracha etc.

Orientações para a confecção do desenho:

a) o desenho deve ocupar toda a altura da cartolina;
b) todas as partes do corpo devem possuir largura suficiente para preenchê-las com pedaços de tecido;
c) para desenhar a cabeça, as crianças poderão utilizar o prato de plástico para festa;
d) se a criança preferir, não será necessário desenhar os detalhes do rosto e da cabeça, tais como olhos, sobrancelhas, orelhas, nariz, boca e cabelo. Essas partes poderão ser desenhadas no próprio tecido e depois recortadas e coladas no boneco;

2) Solicitar às crianças que escolham tecidos para cobrir o boneco, como se fossem as suas peles. As crianças poderão usar régua para medir o comprimento e a largura das partes do corpo. E poderão também usar a caneta esferográfica preta para marcar pontos no tecido e fazer o contorno das partes do corpo;
3) Solicitar que cortem partes dos tecidos no formato de olhos, sobrancelhas, orelhas, nariz, boca e cabelo, e colem no rosto e na cabeça do boneco;
4) Solicitar que cortem e colem no corpo do boneco a roupa e o sapato ou sandália.

Parte 4 – Conclusão

Depois que todos terminarem a atividade, fazer uma roda com as crianças e solicitar a cada uma que mostre para os demais o seu boneco. Em seguida, perguntar:

a) Por que escolheu determinadas cores e texturas, e por que não escolheu outras cores e outras texturas; por que escolheu tecido com ou sem brilho etc.;
b) Se há algo de que ela não gostou no boneco que construiu. E por quê.
c) Perguntar às crianças o que elas acharam da atividade: do que elas gostaram e do que não gostaram.

Encerrar as atividades dizendo às crianças que cada um de nós tem características e preferências próprias, que fazem parte da nossa subjetividade, que são exclusivas nossas, ou que herdamos de nossos pais, da comunidade em que vivemos e da nossa cultura.

Acrescentar que também temos características das quais não gostamos e que os outros possuem as suas, das quais gostamos ou não. Se essas características não trazem prejuízo a ninguém, nem aos demais seres da natureza, nós devemos respeitá-las e aceitá-las.

Contos que Curam

E da mesma forma que temos características das quais nos orgulhamos, temos também dificuldades e limitações. Devemos conhecê-las e aceitá-las como sendo parte de nós. Quando aceitamos quem somos, com as nossas habilidades, talentos e também as dificuldades e limitações, nós nos tornamos mais integrados conosco e com o ambiente que nos cerca.

Referências
CASTRO, Maria da Graça Kern. *Psicoterapia de grupo com crianças mediada por contos*. In: CASTRO, Maria da Graça Kern et. al. *Crianças e adolescentes em psicoterapia*. Porto Alegre, Artmed, 2009.
EUTRÓPIO, Maria Teresa Soares. *Construindo histórias terapêuticas*. 3. ed., 2013.
HISADA, Sueli. *A utilização de histórias no processo psicoterápico: uma proposta winnicottiana*. 2. ed. Rio de Janeiro: Revinter, 2013.
MACHADO, Júlio. *O certo é o avesso*. Belo Horizonte: Usina do Livro, 2017.
ROBERTSON, Robin. *Sua sombra*. São Paulo: Pensamento, 1997.

Contos que curam

CAPÍTULO 8

Oficina
Aprender a comer brincando
Como trabalhar o nojo e o medo dos alimentos verdes

Comer de forma variada é um comportamento aprendido e algumas crianças precisam de mais ajuda do que outras nessa aprendizagem. A aproximação lúdica em torno dos alimentos faz mais sentido para as crianças, pois, por meio do conto e do brincar, elas relaxam, aprendem e elaboram suas angústias, como o medo dos alimentos verdes. Este capítulo traz estratégias para se promover essa conexão.

Mariana Branco

Contos que Curam

Mariana Branco

Formada em Ludoterapia com Enfoque Psicanalítico pelo Instituto Cinco – Desenvolvimento Humano. Por meio do projeto Criando AMORas, realiza oficinas infantis e atua como *coach* de mães e mentora em Conexão Mãe e Filho por Meio da Alimentação, no curso *online* do Criando AMORas, no qual ajuda mães a viverem refeições mais felizes e a criarem filhos motivados a experimentar e comer melhor. Formada em Comunicação Social – Jornalismo e pós-graduada em *Marketing*, atuou por mais de dez anos como editora de publicações segmentadas, incluindo as revistas mensais *Profissão Mestre* e *Gestão Educacional*, ambas nacionais e destinadas, respectivamente, a professores da rede pública de ensino e gestores de escolas públicas e privadas. Foi assessora de comunicação de um grupo educacional paranaense, no qual produzia conteúdos para pais e escolas conveniadas. É também fundadora do *blog* sobre maternidade *Mamãe Prática* e acredita que é na família que a criança aprende a amar os alimentos.

Contatos
www.mamaepratica.com.br
www.criandoamoras.com.br
contato@criandoamoras.com.br
Instagram: @criandoamoras
Facebook: Criando AMORas
(11) 97081-8696

Mariana Branco

Conto
MILHO EM DIA DE BRISA
Por Mariana Branco

Era uma vez uma Brisa, suave e quentinha, que sempre vivia à beira-mar, mas principalmente perto das crianças, que, nessa praia, adoravam brincar de fazer castelos de areia, dar mergulhos refrescantes e jogar para o alto as águas desse mar quase transparente, calmo e de cor verde bem clarinha.

A Brisa era muito tranquila, alegre e adorava fazer novos amigos. Todas as crianças ficavam muito à vontade perto dela, que dava um empurrãozinho para os pequenos explorarem tudo de bom que a praia tinha a oferecer.

Quando a Brisa estava por perto, o dia era mais colorido, cheio de descobertas e novas aventuras. Nesses dias, via-se, lá no alto, o lindo sol de verão e, lá embaixo, a praia cheia de vida, de histórias e memórias de famílias que traziam sons, ruídos, boas risadas, cheiros e sabores. Mas que barulhos e cheiros eram esses?

Era preciso que a Brisa chegasse mais pertinho para sentir como era, de fato, a vida lá embaixo na areia: as crianças riam alto, gargalhavam e até gritavam sem parar um segundo de brincar; se bem que tinham também aquelas que, de tanto se divertir, pediam com muito dengo um colinho da mamãe para deitar e dormir um sono gostoso e profundo embalado pela Brisa quentinha e suave do mar.

A Brisa podia avistar uma imensa faixa de guarda-sóis coloridos, formando todas as cores do arco-íris. Enquanto passeava, fazendo um zigue-zague entre os guarda-sóis, foi surpreendida. Sentiu um cheirinho bom e parou.

Era meio-dia e, enquanto as crianças estavam brincando na praia, um vendedor de milho abria a redonda e amassada tampa de sua panela. Sorridente, adicionava bem devagarinho alguns temperos e misturava tudo lentamente com a sua comprida colher de pau, pois queria garantir o melhor sabor.

Uma menina de maria-chiquinha, acompanhada de seu pai, aproximou-se. Ela espiou lá dentro da profunda panela. Ficando na ponta dos pés, observou com atenção os tamanhos e formatos das espigas de milho cheirosas e quentinhas. Puxou o ar profundamente para senti-las.

Contos que Curam

— Huuum! Eu quero este milho, senhor, por favor! – disse a menina apontando com orgulho para o seu milho escolhido.
— Boa escolha, menina. Vai querer colocar sal, manteiga e o ingrediente secreto? – perguntou o vendedor.
A menina de maria-chiquinha, embalada pela tranquilidade e curiosidade da Brisa, perguntou:
— Ingrediente secreto? Deve ser interessante! Sim, vou querer! – e abriu o sorriso, pois sabia que iria embarcar em uma nova descoberta.
O vendedor deu o milho à menina que se surpreendeu: seu milho escolhido agora era verde como a casca dura de um abacate.
— Uau! Isso é sensacional! – falou dando uma mordida de leão na sua espiga de milho verde.
A Brisa se aproximou da menina, afinal, queria saber qual seria a sua reação. A menina arregalou os olhos, fechou-os de novo e deu outra mordida, mastigando e sentindo na boca os grãos macios, arredondados, suculentos e irresistíveis do seu milho verde.
O milho do vendedor tinha um pouquinho de sal, um pouquinho de manteiga e um ingrediente secreto, a sua pitadinha de amor, porque tudo que esse homem fazia era sempre com muito carinho, amor e dedicação.
— Obrigada, senhor. É o melhor milho verde do mundo que eu já comi! – disse a menina sorrindo com satisfação.
O pai ficou intrigado e quase perguntou ao vendedor o que tinha de tão especial nesse milho, afinal, para ele, parecia um milho como qualquer outro. Será que ele poderia revelar qual seria seu segredo, seu toque especial? Mas ficou sem graça e achou melhor não perguntar.
"Deve ser um segredo de família que vendedores de milho não revelam a ninguém", pensou. E, então, pai e filha foram brincar de fazer castelos.

Oficina: Aprender a comer brincando

Objetivo: esta oficina tem como intuito desenvolver nas crianças de 4 a 10 anos a coragem de experimentar novos alimentos e/ou alimentos que possam ser, para algumas delas, até mesmo amedrontadores ou objetos de nojo e consequente engulho e mal-estar. Ao mesmo tempo, a oficina visa despertar o interesse e a curiosidade nas crianças em conhecer alimentos como brócolis, espinafre, couve-manteiga e alface, entre outras hortaliças de cor verde, como salsinha, manjericão e hortelã, por exemplo, usados como tempero. O respeito e a valorização dos alimentos que vêm da natureza são pano de fundo como proposta da oficina.
A oficina é direcionada à aproximação lúdica em torno dos alimentos e está dividida em três partes:

Mariana Branco

Parte 1. Introdução: vamos começar conectando os participantes com os alimentos verdes que vêm da natureza, mas sem a pressão de provar. Para isso, cada criança irá receber um vasinho com uma hortaliça verde (como salsinha, manjericão ou hortelã). Vamos convidá-las a criarem uma conexão emocional com essa plantinha.

Parte 2. Conto: o conto "Milho em dia de Brisa" foi criado exclusivamente para esta oficina e possui elementos simbólicos que serão explicados mais adiante.

Parte 3. Pratinho divertido: por meio da manipulação de alimentos, as crianças farão uma atividade de culinária para criar a sua própria praia e/ou mar de águas verdes.

Notas:
1. Antes de realizar as atividades com os alimentos, verifique com os pais e/ou outros cuidadores se as crianças participantes possuem alguma alergia alimentar. Em caso afirmativo, faça substituições.
2. Algumas crianças podem apresentar aversões sensoriais e recusa alimentar aos mais diversos alimentos, não apenas aos *in natura* da cor verde. Dessa forma, a oficina pode ser adaptada à aproximação lúdica de outros alimentos considerados saudáveis, como frutas das mais variadas cores, diversos outros legumes e verduras e até mesmo para se trabalhar a aceitação de grãos, a exemplo da combinação mais popular presente na mesa do brasileiro: o arroz e o feijão.
3. Esta oficina pode ser feita em escolas durante o período de três semanas, sendo uma atividade por semana.

Parte 1 – Introdução

Para que os participantes possam abrir caminho para a aceitação dos alimentos verdes e até mesmo que se fale sobre eles, cada criança irá receber seu vaso com um temperinho verde (salsinha, manjericão ou hortelã).

Para criar empatia com o público, o facilitador primeiro mostra a sua hortaliça já plantada em um vaso que foi personalizado. O vaso pode ser branco pintado com desenhos coloridos e deverá conter frases positivas como: "meu amigo querido", "adoro você", "alegria quando cuido de você" e "você me traz um cheirinho bom todos os dias". As frases também podem ser feitas no computador e impressas previamente para serem fixadas no vaso com fita dupla-face, por exemplo.

Então, o facilitador diz: "Este é o meu amigo que só me traz coisas boas todos os dias. Conheçam agora o novo amigo de vocês".

Nesse momento, faremos as seguintes perguntas às crianças:

1. Se essa plantinha fosse um novo amigo ou amiga, como ela se chamaria?

2. O que seu novo amigo precisa para viver?

3. Será que seu amigo também deseja receber carinho? Como podemos dar carinho para seu novo amigo?

4. Como é o cheiro do seu novo amigo?

5. Quais palavras seu amigo gostaria de ouvir de você todos os dias logo pela manhã?

6. Seu amigo iria gostar de ser tratado com respeito, alegria e amor?

7. Que tal você presenteá-lo deixando o vaso mais bonito?

8. Seu amigo também pode presenteá-lo de alguma forma?

Então, partimos para o momento de as crianças personalizarem o vaso que representa "a base" de respeito e alegria com os novos amigos. Elas poderão pintar, desenhar e/ou escrever no vaso que abriga seu novo amigo, a hortaliça verde. Também podem escolher e fixar no vaso uma das frases citadas anteriormente (previamente impressas por um adulto).

Parte 2 – Conto

"Milho em dia de Brisa" é um conto sobre o "empurrãozinho" que muitas crianças precisam para adquirir a coragem de provar novos alimentos que vêm da natureza, como os alimentos verdes.

A Brisa representa um misto de sentimentos bons que contribuem para que as crianças se sintam à vontade diante desses alimentos. Amiga, ela traz "calmaria" aos corações para que as crianças se sintam seguras, tranquilas, alegres e até mesmo curiosas em viver novas aventuras e descobertas. Com a ajuda da Brisa, elas poderão se sentir capazes de explorar sabores, texturas, formatos e cheiros dos mais variados alimentos. Durante a contação da história, o facilitador deverá usar um leque grande e vistoso para simular a brisa suave.

A Brisa também traz cor e felicidade aos nossos dias. Os guarda-sóis com as cores do arco-íris simbolizam essa alegria que também pode estar presente no momento das refeições, quando as crianças estão diante de um prato com alimentos de cinco ou mais cores.

Simbolicamente, o arco-íris pode ser relacionado à renovação, esperança e ascensão da consciência. E é justamente essa mudança de consciência das crianças que desejamos alcançar neste conto.

A história ainda traz a figura do vendedor de milho verde que, indiretamente, revela a afetividade e a dedicação por trás da preparação dos alimentos. Comer é muito mais do que simplesmente se nutrir; é um comportamento social e aprendido. Quando associamos a alimentação saudável a momentos emocionalmente positivos, ajudamos as crianças a se sentirem mais seguras e motivadas a experimentar.

2.1. Conto
2.2. Perguntas:
O que você entendeu sobre a história?
No nosso dia a dia, o que pode ser a brisa suave?
Também há ingredientes secretos na sua casa?
A sua mãe ou seu pai também colocam pitadas de ingredientes secretos na comida de vocês?

2.3. Atividade: potinhos de ingredientes secretos
Após o conto e as perguntas, o facilitador irá desenvolver uma atividade com as crianças; a criação dos potinhos de ingredientes secretos. Para isso, o facilitador deverá:
1. Separar sete potinhos com as cores do arco-íris, vermelho, laranja, amarelo, verde, azul, índigo (anil) e violeta.
2. Reunir as crianças em grupo para juntas escolherem quais potes (cores) irão representar cada ingrediente secreto que são pitadinhas de Atenção, Alegria, Amor, Criatividade, Dedicação, Disciplina e Diversão. As crianças podem ajudar a colar as etiquetas com os nomes.
3. Apresentar temperos e/ou outros alimentos verdes frescos já lavados para o consumo, como hortelã, salsinha, cebolinha, manjericão, coentro, alecrim e rúcula, além de algum tempero seco, como orégano. Convidar as crianças a cheirá-los, tocá-los, colocar na língua e, caso desejem, prová-los. Essa atividade sensorial também pode ser feita com as crianças de olhos vendados, para que tentem adivinhar qual é o tempero.
4. Ao final, o grupo deverá escolher qual alimento verde será o conteúdo especial dos potinhos de ingredientes secretos.

2.4. Conteúdo de apoio

Dica: o termo "milho verde" é usado porque tem relação com a sua maturação. Ele ainda está "verde", ou seja, não amadureceu, mas assim mesmo é usado para fazer suco, doces e pode ser comido na espiga. Até ficar no ponto certo para ser colhido verde, o milho leva, em média, de 90 a 100 dias desde o plantio, dependendo de sua variedade. O facilitador também poderá explorar com as crianças essa curiosidade.

Parte 3 – Pratinho divertido

Atividade de culinária "Minha praia em dia de Brisa".
As crianças serão convidadas a imaginar e a se expressar livremente para criar sua própria praia e/ou mar de águas verdes. Para isso, o facilitador deverá:
1. Fornecer alimentos lavados, alguns inteiros e outros picados, em diversas cores, tamanhos e formatos.

Contos que Curam

2. Incluir um alimento de cor verde, além de milho cozido (grãos soltinhos).
3. Privilegiar o uso de verduras, legumes e frutas.
4. Apresentar, entre os alimentos ofertados, os potinhos de ingredientes secretos criados pelo grupo anteriormente.

Confira um exemplo de pratinho divertido abaixo. Utilizei nessa Comida Divertida os seguintes alimentos: cenoura, milho, panqueca de cenoura (peixinhos), pepino, rúcula e tomate. Para os olhinhos, utilizei olhos usados para se construir pelúcias, que não são comestíveis, mas as crianças adoram e rapidamente aprendem que não são de comer. Para fazer os peixinhos, usei um cortador de confeitaria no formato de peixe.

Referências

BARGAS, Diego. *Por que o milho verde é amarelo?* Superinteressante, 2018. Disponível em:<https://super.abril.com.br/mundo-estranho/por-que-o-milho-verde-e-amarelo/>. Acesso em: 8 de nov. de 2018.

CHATOOR, I. *Quando seu filho não quer comer (ou come demais): o guia essencial para prevenir, identificar e tratar problemas alimentares em crianças pequenas*. Barueri: Manole, 2016.

JUNQUEIRA, P. *Por que meu filho não quer comer?: uma visão além da boca e do estômago*. Bauru: Idea, 2017.

Contos que curam

CAPÍTULO 9

Oficina
A conexão entre modelar, elaborar e dar significado

A oficina "Construindo a sua História" tem como objetivo relembrar nosso processo de formação, desde a concepção até os dias atuais. O intuito é trabalhar a construção de nossa identidade, a importância dos vínculos da família, do amor, do acolhimento e da aceitação que conduzem à superação, além de toda transformação que acontece conosco no decorrer da vida.

Vanessa de Paula Mondin Martins

Contos que Curam

Vanessa de Paula Mondin Martins

Casada com Leandro, mãe do Lucas, nascido em 2011. Analista de Sistemas graduada pela Universidade Brás Cubas, com pós-graduação em Gestão de Projetos com ênfase em PMI pela FIT (Faculdade Impacta de Tecnologia). Após anos na área de sistemas, foi sentindo a vontade e necessidade de atuar na área de desenvolvimento humano. Vanessa fortaleceu esse sentimento após o nascimento do filho, quando buscou no *coaching* um direcionamento para sua nova jornada profissional, voltada para pais, filhos e educadores. *KidCoach* com formação no método *KidCoaching* pelo ICIJ (Instituto de Coaching Infantojuvenil) e *Parent Coach* com certificado internacional pela The Parent Coaching Academy of London (UK). Facilitadora da Jornada das Emoções, Contadora de Histórias, *Practitioner* de Barras de *Access* e *Facelift* Energético, e apaixonada por esse novo universo.

Contatos
vanessamondinmartins@gmail.com
Instagram: @vanessamondinmartins
Facebook: vanessamondinmartins
(11) 98184-0497

Vanessa de Paula Mondin Martins

Conto
O MAR, O CÉU E A PRINCESA BEL
Por Vanessa de Paula Mondin Martins

"Todo aprendizado tem uma base emocional."
Platão

Nas profundezas do fundo do mar azul, morava o lindo peixe Bel, juntamente com sua família, o rei Peixe Joca, a rainha Peixe Lene e sua irmã peixe Sol. Bel era uma peixe-fêmea encantadora, de cores lilás e branca, sendo que a cada mergulho as cores se misturavam e formavam um lindo degradê, trazendo ainda mais beleza para o fundo do mar. A pequena acabara de completar seus sete anos de idade! O mar estava em polvorosa. Eram peixes de todas as espécies, cavalos-marinhos, ostras, polvos, sereias, todos brincando no quintal de Bel, e ela, como sempre, muito feliz! Estavam a planejar a comemoração que aconteceria logo mais. Bel estava pensativa, porém feliz.

Com quase tudo pronto para a grande festa, todos correram para se aprontar, pois logo a festança iria começar. Porém, a polvo Cris, a melhor amiga de Bel, preferiu verificar se estava tudo em ordem, dando uma última olhada na arrumação. As duas se olharam, trocaram um abraço bem apertado e correram para se arrumar, afinal, aquela seria uma grande noite. Quanta gratidão aquelas duas sentiam uma pela outra, era uma amizade linda e verdadeira, e nada acabaria com aquele sentimento tão bonito.

Emocionada, Bel chegou à sua linda festa, cheia de simplicidade e vida! A alegria estava estampada no seu rosto rosado e suado, a sua empolgação era encantadora e a sua vontade de viver, inabalável.

E a festa seguiu cada vez mais animada! Todos dançavam, cantavam, sorriam, gritavam, brincavam, corriam. A imensidão do fundo do mar estava ficando pequena para toda energia boa que emanava daquele quintal. Estava sendo uma noite incrível. O coração de Bel era só gratidão!!!

Após muito brincar e dançar, Bel fugiu um pouco dos convidados para um momento só seu, parando para olhar o encontro da água límpida com o céu estrelado. Que presente lindo esse!

Contos que Curam

Começou pela lua, que estava cheia, grande e imponente! Depois, vieram as estrelas, que brilhavam ainda mais. Arriscou até buscar uma cadente, que dava um espetáculo à parte quando, de repente, Bel sentiu uma forte dor de cabeça. Era tão forte que causou náuseas, fazendo com que corresse para seu pai, o rei Peixe Joca.

Ao entrar em casa, Bel se jogou no colo de Joca aos prantos, e ele lhe pediu calma e tranquilidade. O rei, por sua vez, ficou um pouco preocupado, mas pediu para Bel beber um copo d'água para se hidratar, pois estava tão entretida com a festa que acabou esquecendo tudo. Ela assim o fez. Em seu último gole, Bel sentiu seu corpinho se estremecer e começou a cair lentamente no chão, perdendo os sentidos. E tudo silenciou.

O rei Peixe Joca correu para encontrá-la e, em meio a gritos desesperados, chamou pela rainha Peixe Lene, pelo peixe Sol e pela polvo Cris. Ele precisava de ajuda.

Foi um corre-corre até chegarem ao médico real Luqueta, entregando Bel aos seus cuidados, toda serelepe.

O médico real Luqueta disse que Bel estava um pouco doente e que precisaria muito de cuidados naquele momento, mas que depois as bagunças voltariam ao normal. E ela ficou toda feliz por isso.

A vida de todos mudaria, mas nada seria capaz de mudar aquela vontade de vida. Essa era Bel que, mesmo com apenas sete anos, sabia que sua vida era surpreendentemente incrível. E ela também.

Houve muitos dias de silêncio absoluto, outros de muita bagunça! Emoções e orações, comemorações e fé! E a peixe Bel continuava com muita vontade de viver. Esse foi realmente um momento importante para a família toda se conectar ainda mais, para juntos passarem por todo aquele momento de uma maneira muito amável, e estava sendo incrível.

Bel comemorava cada dia como se cada um deles fosse um renascimento, e realmente era. Tagarelava o tempo todo! Ela era danada e muito feliz!

Alguns dias a mais e o médico real Luqueta liberou Bel para a vida! E, ao retornar para a sua vida, encontrou todo mundo, especialmente Cris, a sua melhor amiga, que a recebeu de braços abertos, coração aos pulos, olhos cheios d'água e com muitos planos. Assim, os dias foram passando, leves como brisa e fortes como rocha.

Havia um lado de Bel que estava adormecido, mas o lado que estava acordado trabalhava a todo vapor. E foi assim que ela retomou sua vida normal, como se nada tivesse acontecido, vivendo todos os dias como se não houvesse amanhã, com muita alegria, disposição e gratidão!

Vanessa de Paula Mondin Martins

E o tempo foi passando e Bel se superando cada vez mais, sem deixar de fazer tudo o que queria, pois nada nem ninguém era capaz de pará-la. Ela sorria para as dificuldades, convidando-as para dançar os mesmos passos que ela, e não se abatia. Na mesa de comando da sua vida, era ela quem decidia tudo, e estava realmente feliz, como uma criança deve ser.

A tão sonhada adolescência chegou! Tão rápida e leve como um sopro de vento em dias de maré baixa. Seus quase 15 anos eram um marco de comemoração, a descoberta de sua autoestima, novos assuntos, novos planos, novos peixinhos, tudo novo, de novo e mais uma vez.

E como seria tudo dali para a frente? Bel ficou bastante pensativa, entristecida algumas vezes, afinal, se sentia um pouco excluída da vida, da sociedade, do mundo, da imensidão do mar! E aqueles pensamentos a deixavam tão triste que, chegando em casa chorando, foi acolhida por toda sua família que já esperava por esse momento, e já estava preparada para ele.

Os anos se passaram, Bel foi acalmando o seu coração, se redescobrindo e se superando a cada dia. E quantas grandiosas e gloriosas aventuras ainda viveria. Bel, guerreira, renascia dia após dia, envolta de muita resiliência no seu coração puro e repleto de amor para contribuir. Uma linda metamorfose de amor.

Havia muito amor para um peixe só. Foi aí que Bel, em sua essência, distribuindo vida e abrindo seu coração para tudo o que tinha para viver, conheceu Leleco, um peixe muito serelepe e cheio de vida, assim como ela. Eles bagunçavam juntos o tempo todo, não se desgrudavam! Era uma amizade tão linda e verdadeira que não teve jeito, o cupido do amor flechou seus corações e eles se apaixonaram. E nem por isso deixaram de ser serelepes e aprontar um monte!

Tudo aconteceu de forma tão rápida e inesperada que logo o tão sonhado casamento aconteceu! E mais um sonho de Bel estava se realizando. Ela se emocionava só de pensar, pois esse momento era esperado e precioso. Quanta superação!

Na correria dos preparativos, o casamento aconteceu, lindo e emocionante, em uma cerimônia simples, porém repleta de muito amor e boas energias. Bel estava novamente vivendo de verdade, com alegria e plenitude.

Logo, a peixe Bia chegou para completar a felicidade de Bel e Leleco! Toda linda, de cor rosa atenuante, com suas barbatanas espelhadas e muito fofucha, cheia de vida e com a missão de completar a tão sonhada família de Bel, transformada pela vida e abençoada por todo o universo.

E assim, essa família tão especial vive muito feliz, no fundo do mar, com bastante amor, gratidão e diversão.

Contos que Curam

Oficina "Construindo a sua História"

Objetivo: a oficina "Construindo a sua História" tem como intuito relembrar nosso processo de formação, desde a concepção até os dias atuais. A ideia é trabalhar a construção de nossa identidade, a importância dos vínculos da família, do amor, do acolhimento e da aceitação que conduzem à superação, além de toda transformação que acontece conosco no decorrer da vida. A grande arte de sermos resilientes e positivos diante das situações que a vida nos traz, mesmo as negativas.

A oficina está dividida em seis partes

Parte 1 – Introdução

Será apresentada pelo facilitador a dinâmica "Construindo a sua história" e se explicará como acontecerão os próximos passos. As explicações serão introdutórias para, em cada um dos passos, serem exploradas com mais detalhamento.

Parte 2 – Conexão para início da oficina

Nesse momento, o facilitador fará as seguintes perguntas: que influência recebemos de nossos pais? O que herdamos deles? O objetivo é que os participantes criem uma conexão com suas histórias.

Parte 3 – Conto

Leitura do conto "O mar, o céu e a princesa Bel".

Parte 4 – Material a ser utilizado:

Massa com glúten
- 4 xícaras de farinha de trigo;
- 1 xícara de sal ou açúcar;
- 1/12 xícara de água;
- 1 colher de chá de óleo;
- Corante de alimentos.

Massa sem glúten
- 4 xícaras de farinha de arroz;
- 1 xícara de sal ou açúcar;
- 1/12 xícara de água;
- 1 colher de chá de óleo;
- Corante de alimentos.

Vanessa de Paula Mondin Martins

Modo de fazer: em uma forma ou tigela grande, misturar todos os ingredientes e amassar bem até ficar boa para modelar. Acrescente o corante de alimentos com as cores escolhidas.

Para a nossa oficina serão utilizadas sete cores: roxo, azul-escuro, azul-claro, verde, amarelo, laranja e vermelho.

Também serão utilizadas fitas coloridas para a construção do significado que a oficina teve para cada um dos participantes.

Parte 5 – Atividade didática (metodologia):

O facilitador dará as instruções aos participantes para a construção da massinha de modelar: enquanto você constrói essa massa, ao escolher os ingredientes pense em pessoas significativas que influenciaram sua história, sua formação e seu caráter, que o auxiliaram e fizeram parte da sua história. Siga misturando os ingredientes enquanto pensa em cada uma delas. Conecte-se com o que cada uma significa nesse seu processo de transformação, pense no que aprendeu com cada uma delas, o que trouxe de positivo ou negativo para a sua vida e siga trazendo para você mesmo a capacidade de se conhecer, reconhecer, aceitar, pedir ajuda e agradecer. Observe todas as sensações, sentimentos e emoções que são trazidos durante a confecção dessa massa. Pode haver momentos de muita introspecção, de autoconhecimento, autopercepção, auto-observação, autoescuta, autoquestionamento, ações e escolhas.

O facilitador entrará com as seguintes perguntas, durante essa construção: quem são as pessoas de cada um dos ingredientes? Qual influência elas têm em sua vida? O que você carrega delas em seu caráter e personalidade? O que tem de parecido que aceita ou rejeita?

Durante esse processo de construção, é importante que sintam a massa em suas mãos, percebam seu cheiro, a textura e o gosto (será importante provar a massa que estão preparando). Assim que a massa estiver pronta, a orientação é que cada um construa o que quiser com ela, o que tenha significado nesse processo de construção da sua história. Os corantes poderão ser usados durante todo o processo ou na finalização das formas escolhidas por cada um. Ver e ouvir é importante, porém modelar o que se está sentindo, o que for realmente importante, elaborando e dando significado, tem um toque especial.

Antes de finalizar a oficina, será sugerido a cada um dos participantes, que se sentir à vontade, que troque o que foi construído por cada um para falar sobre o que foi percebido na construção do colega e, se preferir, fazer uma reconstrução com base no que foi feito. Nesse caso, podem ser exploradas novas sensações e sentimentos, onde posteriormente cada um falará sobre essa nova experiência.

E, por fim, que todos juntem as suas massinhas para a construção de um significado novo, ainda maior e único.

Parte 6 – Final

A atividade com a massa será finalizada com relatos de cada um dos participantes, quando eles contarão o que foi criado, o motivo da escolha, o significado e sobre as cores escolhidas, caso a massinha tenha sido colorida. Em seguida, o facilitador levará cada um dos participantes às seguintes reflexões: o que você construiu? Como se sentiu? O que você mudaria? O que acrescentaria? O que faz com que ela seja sua?

A oficina será pré-finalizada com a junção das massinhas de todos os participantes que, em conjunto, formarão uma mandala (simbolizando que cada um deixa o mundo mais bonito, colorido e completo). Encerraremos a atividade colocando à disposição dos participantes as fitas coloridas, citadas anteriormente. Cada um escolherá a sua fita que levará para casa, representando o que aprendeu durante a oficina.

Referências

BERNARDES, Claudine. *Curso de contoexpressão*, jul. 2018.
CIAMPI, Mari. *Psicóloga clínica e educacional, orientação familiar, arteterapia* – CRP 06/13252.
RAYES, Cristiane. *Psicóloga clínica e educacional, orientação familiar, coach parental* – CRP 06/40025.
Projeto AMORes – Técnicas e intervenções para o desenvolvimento das habilidades socioemocionais.

Contos que Curam Adolescentes

Contos que curam

CAPÍTULO 10

Oficina
Essência de ser

Em alguns momentos da vida, especialmente durante a adolescência, precisamos enfrentar a dramática dificuldade da aceitação de nossas características físicas e de personalidade. Esta oficina irá trabalhar o autoconhecimento e a autoaceitação.

Kellem Cristiane Girardi Krause

Contos que Curam

Kellem Cristiane Girardi Krause

Contadora de fábulas e contos psicopedagógicos e terapêuticos. Formação em Contoexpressão: educação emocional e terapia através de contos pela EpsiHum Escuela de Terapia Psicoexpresiva Humanista del Instituto IASE - Espanha. Em formação de *Kids Coach* pela CEO-Kids Brazil. Palestrante e sócia fundadora da Perfekta Palestras e Treinamentos. Instrutora no programa Jovem Aprendiz e cursos técnicos no SENAC Santa Catarina e de treinamentos empresariais baseados na metodologia Disney de Encantar Clientes com formação no *workshop* da Escola Nacional de Qualidade de Serviços – David Lederman. *Practitioner* em Programação Neurolinguística. Bacharel em Administração de Empresas pela UNIVILLE e especialização em Engenharia de Vendas pela Sustentare Escola de Negócios. Mais de 20 anos de experiência em atendimento ao cliente e treinamento de equipes de vendas, negociação e atendimento ao atacado e varejo.

Contatos
perfektapalestrasetreinamentos@gmail.com
Instagram: @ladyvonkrauss
+55 (47) 3626-2039 / (47) 9995-15561

Kellem Cristiane Girardi Krause

Conto
ESSÊNCIA DE SER
Por Kellem Cristiane Girardi Krause

"Quanto mais você gostar de si mesmo, menos se parecerá com os outros e mais especial você será."
Walt Disney

Quando os raios de sol iniciaram o novo dia, Jimmy ouviu o sino na igreja anunciar a hora. No despertar, como nas manhãs anteriores, reclamou em pensamento, como é difícil ser limão. Jimmy nasceu num limoeiro atrás de uma casa verde. Ele acha bom ver casas com cores de árvores.

Jimmy é uma fruta, porém ele duvida disso com frequência, afinal como pode uma fruta não ser doce?

Na escola, Jimmy descobriu a diversidade das frutas. Viu que existe fruta de todo tamanho, formato e cor. Pequenina como o mirtilo, grande como a melancia, comprida como a banana, redonda como a laranja. Vermelhas são as cerejas e os morangos. Verde por fora e amarelo por dentro? É um abacate. Com cabelo verde espetado? O amigo abacaxi. Escuras, como a jabuticaba e o açaí. Com formato de estrela, engraçada a carambola. Tem fruta com nome de A a Z. Mesmo entre os limões tinha de todo tipo. Um primo do Jimmy era bem maior que ele e de cor alaranjada. Já falaram no limoeiro que existem aproximadamente cem espécies de limões no mundo. Jimmy conhece o galego, o siciliano, o cravo e o tahiti. Ele acha muito legal essa variedade, porque, mesmo com casca e gostos diferentes, todos são frutas.

Ser uma fruta é algo que Jimmy questiona constantemente, especialmente depois de conhecer essa diversidade. Ele gosta do limoeiro, porém tem dificuldades para aceitar que é um limão. Na maioria das vezes, quando pensa nisso, acha que foi ruim ter nascido assim, limão. Também pudera, cresceu ouvindo coisas como: "Por que está com essa cara azeda, chupou limão?".

O rapaz que mora na casa verde em frente ao limoeiro teve problemas quando usou limão num dia de sol. Teve queimaduras nas mãos que doeram e deixaram marcas. Se não fosse sua esposa defender o limoeiro, o pé da fruta teria ido inteiro ao chão.

Contos que Curam

Jimmy se perguntava por que Deus teria criado uma fruta assim? Ácida que pode queimar e ferir? Numa árvore cheia de espinhos? Já soube de muitas pessoas que se feriram quando tentaram pegar os limões. Definitivamente, ele não gostava de ter nascido assim, não fazia sentido ser quem era. Especialmente agora que conhecera tantas frutas lindas e doces.

Por conviver com tantos tipos diferentes de fruta, Jimmy teve uma ideia, iria imitar alguma e deixar de ser limão. Durante um tempo, tentou ser melão, mas não deu certo. No quintal, sua vizinha é uma *physalis*, exótica e delicada. Começa verde e depois muda de cor, igualzinho um limão, era perfeita para a imitação, vou ser uma *physalis*, pensou o Jimmy. Também não funcionou. Tentou ser tangerina e laranja. Durante o dia, a encenação do personagem parecia até funcionar, porém à noite, lá no limoeiro, lembrava-se do que era de verdade. Triste limão que não aceita sua essência, desconhece suas qualidades e a cada amanhecer começa reclamando da vida.

De tanto reclamar foi ficando dia após dia mais azedo e mal-humorado. Jimmy reclamão, o apelido pegou no limoeiro. Seu azedume aumentava quando via estação após estação outras frutas amadurecerem e ficarem doces. A grande acidez tomou o coração de Jimmy, especialmente após dar ouvidos a uma formiga mal-intencionada, que lhe deu péssimos conselhos. Depois da conversa com a malvada, Jimmy se isolou ainda mais no alto da árvore, buscando estar bem escondido, não queria mais saber da alegria da diversidade e das risadas no limoeiro, afinal para ele era ruim não conseguir ser outra fruta. Na solidão lá no alto, iniciava e terminava os dias em queixas e fúria.

Meses se passaram, os dias foram esfriando, alguém no limoeiro disse que o inverno seria rigoroso. Todas as manhãs, mesmo agora nas mais geladas, a moça da casa verde vinha cedo apanhar limões. Aquilo intrigava Jimmy, despertou sua curiosidade. Por que alguém plantaria uma árvore cheia de espinhos no quintal? Por que buscar limões, frutas ácidas e azedas e levá-las para o aconchego do lar? Não fazia sentido para ele. Naquela fria manhã, Jimmy estava determinado a descobrir esse segredo, entender o que a moça dizia cada vez que chegava perto do limoeiro, lá do alto ele não entendia, precisou descer para ouvir. Depois de finalmente ouvir a moça, aquilo fez menos sentido ainda, virou um mistério. A moça cumprimentou o limoeiro, pediu licença, cuidadosamente tirou um limão de cada vez. Jimmy enxergava a gratidão da moça além das palavras, estava em seus olhos e também em suas mãos. Ao final, com alegria, disse que o limoeiro e suas frutas eram uma bênção em seu quintal, com carinho se despediu e entrou em casa.

Jimmy não conseguia acreditar, como alguém realmente podia gostar de limão? Enquanto voltava ao isolamento no alto da árvore, viu uma borboleta pousando em um espinho. Jimmy gritou: "Cuidado, os espinhos do limoeiro são perigosos, você vai se ferir". A borboleta explicou

Kellem Cristiane Girardi Krause

que na natureza existem muitas árvores com espinhos, porém quando usamos gentileza e carinho conseguimos nos aproximar de todas sem nos machucar. A borboleta quis saber por que Jimmy estava tão isolado e azedo. Ele relatou tudo, indignado com seu azar de nascer naquele limoeiro e num mundo com tanta variedade de frutas ser um ácido limão. Amargurado, duvidava até de ser fruta, sentia cada dia mais acidez, não entendia os espinhos do limoeiro que afastam todos, e não podia acreditar que aquela moça agradecera e se alegrara por colher limões.

A borboleta sorriu e com entusiasmo contou que já viajara por muitos lugares, conhecera muitos limoeiros. Era comum ver por onde pousava gente que ama limão. Pensava até que deveria ser por isso que a árvore tem espinhos, para tentar proteger seus frutos preciosos. Questionou Jimmy se ele sabia dos poderes que tinha. Jimmy, confuso com a pergunta, respondeu: "Poderes? Eu não tenho poderes". A borboleta convicta exclamou: "Tem sim Jimmy, limões são muito poderosos. Já vi limão curar pessoas, refrescar a sede nos dias de muito calor, perfumar lugares com seu aroma inigualável e fazer muitos amigos sorrirem em confraternização defendendo que não existe melhor tempero que o limão. Jimmy, suas qualidades e propriedades são únicas, acredite, ajudar os outros é o grande poder que existe no limão. Você é único, muito especial". Terminando essa explicação, a leve borboleta abriu suas asas, despediu-se e voou. Jimmy estava em choque depois das palavras da borboleta viajante. Nunca pensou ter tantas qualidades, tamanho poder e utilidade. Envergonhou-se por reclamar tanto, por se queixar de tudo e constantemente ofender e agredir o limoeiro. Refletiu durante todo aquele dia.

No dia seguinte, acordou sentindo-se diferente. Desceu do alto da árvore, sorrindo a todos, cumprimentou. Ficou junto dos limões vendo o dia amanhecer. Não demorou, a moça apareceu. Como de costume, cumprimentou com entusiasmo o limoeiro, agradeceu por ele estar ali, pediu licença e, com cuidado e gentileza, tirou alguns limões, entre eles Jimmy. Ela se despediu da árvore lhe desejando um bom dia de inverno.

Jimmy foi levado para dentro da casa com os outros limões. Ouvia a mulher entusiasmada explicar a origem do limão, sua importância, que essa é realmente uma fruta extraordinária, aromática e que faria um chá para curar a gripe do marido. O rapaz, que ainda tinha as mãos manchadas pelo incidente do limão no sol, segurou a xícara com chá de limão, sentiu o calor nas mãos, o gosto bom da fruta na água quente e a esperança da cura. Sorrindo disse para a esposa que com certeza não existia no mundo perfume melhor do que o cheiro daquele limão. Jimmy se encheu de amor, entendia agora, com alegria e gratidão, sua essência de limão.

Contos que Curam

Oficina: Essência de ser

Objetivo: em alguns momentos da vida, especialmente durante a adolescência, precisamos enfrentar a dramática dificuldade da aceitação de nossas características físicas e de personalidade. Constantemente buscamos a aprovação nos outros, e nos comparamos a diversas pessoas que, na maioria das vezes, são muito diferentes de nós. Essa negação da nossa verdadeira essência é comum enquanto não refletimos o autoconhecimento. A autoaceitação acontece quando entendemos que nossas qualidades e particularidades nos fazem únicos e especiais, principalmente quando usamos o nosso poder para ajudar os outros.

A oficina está dividida em seis partes

Parte 1. Introdução: apresentação e conexão dos participantes com as histórias de contos de fadas, explicando os objetivos da sua criação e os seus símbolos.
Parte 2. Conexão com o público: identificar o público e proporcionar uma interação entre os participantes.
Parte 3. Conto: ler o conto "Essência de ser".
Parte 4. Atividade didática: atividade sensorial e lúdica para aguçar os sentidos dos participantes e proporcionar a conexão deles com a proposta da oficina.
Parte 5. Perguntas de reflexão sobre o conto: para proporcionar uma reflexão sobre o conto e sobre as próprias vivências dos participantes.
Parte 6. Atividade didática de encerramento: finalizar com uma atividade para promover a entrega e conexão do grupo.

Parte 1 – Introdução

Após a breve apresentação do facilitador, explicar a origem dos contos de fada e que não foram criados para divertimento do público infantil, mas sim para educar especialmente jovens e adultos para situações da vida. Citar alguns exemplos de histórias e o objetivo de sua criação. Exemplo: *Chapeuzinho Vermelho, Rapunzel, João e Maria* e *Branca de Neve*. Nesse momento, solicitar a interação do público, perguntando quem se lembra das histórias. Explicar os principais símbolos utilizados nelas.

Parte 2 – Conexão com o público

Por meio de crachá ou papel na mesa, pedir para que todos deixem seu nome legível e visível. A partir desse momento, chamar as pessoas pelo nome. Falar brevemente sobre o medo do julgamento feito pelos outros. Após essa explanação, colocar uma música. Enquanto a música estiver tocando, pedir que escrevam em uma folha o nome e no mínimo três adjetivos que observaram no facilitador. Depois, entregar um limão para cada participante, pedir que o cheirem, o apertem, criar momento sinestésico com o limão nas mãos. Após esse momento, todos os participantes devem escrever, em uma folha, no mínimo três adjetivos para o limão. Na sequência, devem escrever no mínimo três adjetivos deles próprios.

Parte 3 – Conto

Leitura do conto "Essência de ser".

Parte 4 – Atividade didática

Após a leitura do conto, entregar folhas e galhos de um limoeiro, preferencialmente com espinhos. Caso não disponha dessas opções, pode-se utilizar a imagem de um pé de limão, se possível borrifar na imagem essência de limão. Sugere-se, para grupos pequenos, oferecer limonada aos participantes. Novamente, devem tocar, sentir, cheirar e observar. Após esse momento, em folhas coloridas, escolher cores relacionadas às frutas citadas no conto como verde, vermelho, amarelo, laranja e preto. Pedir que desenhem uma árvore.

Parte 5 – Perguntas de reflexão sobre o conto

Para você, o que simboliza a árvore no conto? Quem é o Jimmy? Quem são as formigas maldosas que podem nos dar maus conselhos? Quem são as borboletas que podem nos ajudar? Quem são as frutas? O que você sente com o final feliz do Jimmy? Você já viveu algo parecido com o conto "Essência de ser"? Qual é o seu final feliz?

Parte 6 – Atividade didática de encerramento

Cada participante deve escrever em tiras de papel colorido uma frase de incentivo sobre aceitação e amor da sua essência. Essas tiras devem ser amarradas em balões verdes, já cheios. Após amarrar as tiras de papel, os participantes devem trocar seus balões uns com os outros e, ao final, levarem consigo esse balão com essa mensagem.

Referências
BERNARDES, Claudine. *Carlota não quer falar*. Joinville: Grafar. Joinville, 2017.
_____. *Oficina Contoexpressão: curso de educação emocional e terapia através dos contos*. Agosto, 2018.
CAPODAGLI, Bill. JACKSON, Lynn. *O estilo Disney: como aplicar os segredos gerenciais da Disney à sua empresa*. São Paulo: Benvirá, 2017.
CORSO, Diana Lichtenstein. CORSO, Mário. *Fadas no divã: a psicanálise nas histórias infantis*. Porto Alegre: Artmed, 2006.
Formação Oradores e Palestrantes. Febracis. Curitiba. Abril, 2018.
JACOB, Milad Deeb. *Fábulas, histórias e lições morais*. São Bento do Sul: Livreto autoral, 2018.
GAMA, FLÁVIA. *No curso das Histórias* – Turma 3 Ed. Abril, 2018.
NASCIMENTO, Alessandra. *Oficina de Kamishibai: o teatro de papel*. CEU das Artes – São Bento do Sul. Maio, 2018.
Palestra Ead. Mitologia e simbologia. Escola Internacional de Filosofia Nova Acrópole. Brasília. Professora Lúcia Helena Galvão.
Palestra Ead. O simbolismo dos contos de fadas. Escola Internacional de Filosofia Nova Acrópole. Brasília. Professora Lúcia Helena Galvão.
SHINYASHIKI, Roberto. *Os segredos das apresentações poderosas: pessoas de sucesso sabem vender ideias, projetos e produtos para qualquer plateia*. São Paulo: Gente, 2012.
RANGEL, Alexandre. *Fábulas de Esopo para executivos*. São Paulo: Original, 2006.
UNIVESP TV. *Literatura fundamental 85: Contos de Hans Christian Andersen*. São Paulo. Professora Karin Volobuef.
UNIVESP TV. *Literatura fundamental 93: Irmãos Grimm*. São Paulo. Professora Karin Volobuef.

Contos que curam

CAPÍTULO 11

Oficina de autoestima
O jardim secreto

Para ter a autoestima equilibrada, uma pessoa precisa ser assertiva. Por essa razão, trabalharemos o fortalecimento da assertividade.

Lurdes Figueiredo

Contos que Curam

Lurdes Figueiredo

Mãe de dois lindos meninos, casada, Bacharelado e Formação em Psicologia. Especialização em Sistema para Detecção do Uso Abusivo de Substâncias Psicoativas. Palestrante, autora do *Caderno de Atividades Feliz Ano Todo Faça Acontecer: revendo o passado, organizando o presente e planejando o futuro*. Colaboradora na construção da revista de atividades *O Mundo Precisa de um Pai*, pela Editora Cristã Evangélica. Idealizadora dos projetos Espaço Terapêutico na Sala: Para Mulheres, de Menina a Mulher, Conversa com Pais, Saúde Emocional e Vida Cristã e Testemunhe. Sempre teve interesse por temas relacionados ao desenvolvimento humano. Dessa forma, a escolha pela área de Psicologia foi natural. Acredita que a vida intrapsíquica do ser humano tem muitos territórios que precisam ser investigados. Ao longo de sua trajetória profissional, desenvolveu trabalhos dentro da Política de Assistência Social atuando na Proteção Social Básica e na Proteção Social Especial de Alta Complexidade. Consultório particular no atendimento a crianças, adolescentes, adultos e grupos.

Contatos
m.lourdes.figueiredo@hotmail.com
Instagram: Lurdes_psicologa
Facebook: Psicóloga Lurdes Figueiredo

Lurdes Figueiredo

Conto
O JARDIM SECRETO
Por Claudine Bernardes

O coração alegre serve de bom remédio;
mas o espírito abatido seca os ossos.
Provérbios 17:22

Ela tinha 11 anos, nada mais, quando a realidade da vida a atravessou como um punhal, fazendo com que o sangue jorrasse da sua alma rota. Ela recolheu os pedaços sem dizer palavras, tragou a realidade perversa como quem guarda um segredo num envelope lacrado.

Ela tinha 12 anos quando, olhando num espelho, percebeu que seu sorriso era apenas uma quimera, uma mentira inventada para disfarçar a dor guardada no envelope lacrado que se tornara o seu coração.

Ela tinha somente 13 anos quando sentiu que dentro de si uma floresta escura havia crescido. Serpentes rastejavam, espinhos e plantas carnívoras ameaçavam a todos que desprevenidos se aproximavam. Sentiu-se sufocada porque a floresta teimava em crescer dentro do envelope lacrado, e ela chorou de solidão.

Ela tinha 14 anos, quando o carteiro, estendendo as mãos, esperou que ela lhe entregasse o envelope lacrado.

Ela tinha apenas 14 anos e temia o que podia acontecer, mas ele foi paciente e, sentado na varanda, esperou, esperou e sorriu, e seu sorriso foi como o sol que derrete o gelo num dia de inverno anunciando a esperança de uma primavera florida.

Ela tinha 14 anos quando estendeu suas mãos vacilantes e lhe entregou o envelope lacrado. Quando o envelope tocou as mãos do carteiro, o selo se rompeu deixando sair as serpentes, que escaparam sorrateiramente.

Ela tinha apenas 14 anos quando olhou para dentro de si e descobriu uma floresta viva, luminosa e colorida, nascida das sementes de realidade iluminadas pelo sorriso de esperança.

Enfim, a primavera chegou e ela sorriu com a alma, com o rosto, com o corpo, sorriu porque compreendeu que inclusive a mais escura e tenebrosa floresta se transforma num jardim florido quando iluminada pelo sol da primavera.

Contos que Curam

Oficina de autoestima

Objetivo: esta oficina tem como finalidade desenvolver a autoestima, a empatia e a assertividade dos participantes por meio do conto "O jardim secreto", escrito por Claudine Bernardes. Os elementos simbólicos contidos no conto servirão de sementes para despertar conhecimento e, assim, proporcionarmos um diálogo interno nos participantes, para que possam interiorizar a mensagem da atividade. Para ter a autoestima equilibrada, uma pessoa precisa ser assertiva. Por essa razão, trabalharemos o fortalecimento da assertividade.

A oficina está dividida em quatro partes e é indicada para grupos de até 10 pessoas. Caso queira fazer uma análise grupal da vivência, é aconselhável trabalhar com equipes de até seis pessoas (recomendável para grupos de profissionais da educação e psicólogos). Em grupos de adultos, pode deixar as idades iniciais e contextualizar a idade final de acordo com a demanda.

Parte 1. Introdução: a fim de oportunizar e facilitar o relacionamento e a integração interpessoal com o grupo, realizaremos a confecção de um envelope carta no formato de coração.
Parte 2. Conto: criado exclusivamente para esta oficina e possui elementos simbólicos que serão explicados mais adiante.
Parte 3. Atividade didática: as oficinas foram desenvolvidas com o objetivo de proporcionar a conexão emocional e simbólica de forma sensorial com os participantes.
Parte 4. Final: terminamos a atividade com a leitura de uma mensagem e a troca entre os participantes do envelope carta no formato de coração criado na oficina de interação.

Parte 1 – Introdução

Para que os participantes possam entender os conceitos utilizados no conto, principalmente se são adolescentes ou adultos, pergunte se eles sabem para que serve uma carta? Que tipo de informação uma carta pode conter? Como saber se o lacre não vai ser violado? Ela chegará ao seu destinatário intacta?

Se alguém fizer algum comentário sobre as tecnologias, o facilitador pode acrescentar: apesar dos vários recursos tecnológicos existentes hoje, tais como as redes sociais e os programas de mensagens instantâneas, a carta ainda é um instrumento de comunicação que carrega muita simbologia, sendo muito útil.

A fim de preparar os participantes para conectar-se com os personagens do conto e os símbolos contidos nele, leve-os a construir um envelope no formato de coração.

1.1. Materiais necessários para essa atividade

Corações recortados e com os vincos (na medida de uma folha sulfite A4, conforme a imagem 1 ao final da oficina), selo de carta (ou algo que possa lacrar o envelope), tesoura, itens de decoração e um perfume pessoal para ser utilizado no encerramento da oficina ou uma carimbeira para a digital no caso de alguém ser alérgico (esta oficina disponibiliza instruções que constam nos anexos *online* do livro).

1.2. Construção do envelope

Distribua os corações já recortados e peça para dobrar nos vincos. Para a decoração, deixe à disposição para serem utilizados elementos que transmitam um pouco do que ele é ou como se sente (canetinhas, lápis de cor, durex colorido, adesivos). Aproveite esse momento para cada um se apresentar de forma breve (nome, idade). Deixe-se guiar um pouco pelo ambiente que é criado por meio dessa introdução para conhecer melhor o grupo. Após, deixar reservado para ser retomado no final da oficina.

Parte 2 – Conto "O jardim secreto"

Este conto é uma metáfora que nos dá uma ideia de que em cada um de nós existe um jardim secreto que às vezes deixamos de cultivar por causa das dores ou pelas imposições da vida cotidiana. Um esconderijo que pode ser desvendado somente por meio do poder da confiança (carteiro) que foi um meio para trazer de volta a beleza da vida (primavera).

Para que a personagem pudesse resgatar seu jardim, precisou permitir que o carteiro fizesse parte da sua história (entrega do envelope) para, assim, ajudá-la a descobrir e cultivar seu jardim, fazendo-o florir.

Quantas pessoas não devem estar passando por esses mesmos dilemas da personagem, e se conformaram com sua falta de poder para mudar ou entender a sua realidade?

Nessa parte, conte a história aos participantes e depois faça perguntas para ajudá-los na exteriorização do que entenderam. Por meio das respostas obtidas, o facilitador poderá ter uma visão do mundo simbólico de cada participante e do grupo. Também poderá ajudar a identificar em que ponto do crescimento pessoal o participante se encontra.

O conto não deve ser explicado, já que o mundo simbólico de cada pessoa é diferente e que as metáforas e símbolos existentes no conto devem conectar-se aos símbolos internos da pessoa e, assim, despertar conhecimento que já existe dentro dela.

Contos que Curam

2.1. Roda de conversa

Não é necessário fazer todas as perguntas abaixo. São apenas sugestões, e o facilitador deverá deixar-se guiar pelas respostas do grupo para escolher as perguntas apropriadas.

1. O que entendeu da história?
2. O que fez com que ela guardasse um segredo num envelope?
3. De qual realidade ela estaria falando?
4. Que mentira estaria vivendo?
5. Você já teve sentimentos como os da personagem?
6. Quais sentimentos aparecem no texto?
7. Descreva as qualidades do carteiro.
8. O que significou para ela a primavera?

Parte 3 – Atividade didática

3.1. Materiais necessários

Cinco folhas de *color set* nas cores variadas (simbolizando a floresta viva) e uma na cor preto (simbolizando a floresta escura). Todas no formato de coração já recortados (tamanhos do maior ao menor para sobrepor). Cola líquida, tesoura, elementos que transmitam um pouco do que ele é ou se sente (cores, texturas, formas). Um perfume pessoal e um carimbo para obter a digital no caso de pessoas alérgicas.

3.2. Instruções

a) Guiar o grupo na elaboração de uma série de cinco corações, que serão colados somente de um lado pelo centro na vertical, deixando o outro lado livre, formando um caderno, sendo que o primeiro coração (capa) será vermelho; o segundo será da cor preta (simbolizando a floresta escura), e cada participante escolherá as três cores que faltam, para colocar na ordem que preferir (as quais simbolizarão a floresta viva).

b) Após a colagem, inicie com esta mensagem: "Cada um de nós tem um jardim secreto e, assim como a personagem, guardamos situações e sentimentos dentro do nosso coração". Ao contar em primeira pessoa, propicia-se que o ouvinte, em alguma medida, vivencie os mesmos sentimentos da personagem. Agora, você vai demonstrar nos corações coloridos situações da sua vida que representam uma floresta viva e no coração preto situações que representam uma floresta escura.

c) Tenha à disposição alguns elementos como cores, texturas formas para que a pessoa possa escolher para transmitir um pouco do que é ou sente. Observar exemplo na imagem 2 no final da oficina.

Lurdes Figueiredo

Quando terminarem, faça uma roda de conversa para falarem sobre esse momento. Se alguém não quiser falar, não insista, mas incentive a falar pelo menos de um jardim. Esse é um momento muito simbólico, no qual poderá haver choro. Tenha uma caixa de lenço à disposição e faça o acolhimento. Quando todos falarem, peça para fechar o coração, e fazer um furo na lateral para fechar com um laço para levarem.

Parte 4 – Final

De posse dos envelopes que fizeram no início da oficina, diga: durante esse dia, passamos por várias experiências recebendo mensagens que se constituirão no nosso conteúdo interior. Agora, você pode ser o carteiro na vida de alguém, que tal resgatarmos nossos jardins secretos permitindo que outras pessoas façam parte deles, ajudando-os a cultivá-lo, fazendo-o florir? Peça para que escrevam no envelope uma palavra de otimismo e, depois, para borrifar o perfume no envelope simbolizando o perfume da primavera ou para colocar a digital, se a pessoa for alérgica. Incentive a troca dos envelopes com o grupo. Esse é um momento de muita troca de carinho.

4.1. Mensagem

Seja qual for o grupo que estiver trabalhando, você poderá finalizar com esta mensagem ou poderá finalizar com uma mensagem própria para que seja algo mais pessoal.

Hora de renascer com a primavera (Lurdes Figueiredo)

O inverno foi embora e a chuva já passou! As flores estão crescendo e podemos ouvir o cantar dos pássaros. A primavera chegou trazendo consigo muitas mensagens, a ponto de quebrar todo e qualquer lacre.

O que ontem eram galhos secos, hoje é cheio de vida.
O que era cinzento, hoje é verde.
O que não aparentava vida, hoje é florido.
Do que era inodoro, hoje podemos sentir o perfume.
O que era um sonho, hoje é uma realidade.

A renovação do seu jardim só vai acontecer quando você começar a se livrar das ervas daninhas, conhecidas como ressentimento, desilusão, mágoas, falta de perdão, rejeição, frustração, medos, inseguranças, orgulho, entre outros.

Quando permitirmos replantar novas mudas de autoestima, perdão e altruísmo, sutilmente sentiremos a vida fluindo novamente, trazendo de volta a beleza e o brilho do nosso jardim, fazendo dele um local propício e atrativo para todos aqueles que estão ao nosso redor.

Contos que Curam

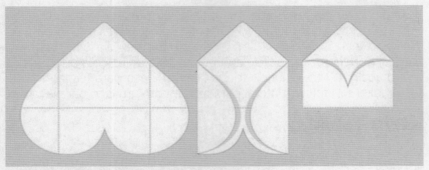

Envelope no formato de coração.

Desenhe um coração na folha de sulfite e siga as instruções conforme modelo.

PARTE 1 OFICINA : O JARDIM SECRETO

Imagem 1

Imagem 2

Contos que curam

Capítulo 12

Oficina de autoestima e resiliência

Somos seres relacionais. Entre laços e entrelaces, tecemos nossa rede da existência, com material bom e ruim adquiridos com nossas convivências e relações. São laços bem trabalhados e nós apertados...
Sendo o hoje o resultado das relações do nosso passado e o amanhã o produto de todas as relações estabelecidas hoje. Querendo ou não, influenciamos as pessoas e somos por elas influenciadas em nossas atitudes e decisões. A força dessa influência em nosso cotidiano dependerá do autoconhecimento e crítica que fizermos, bem como da autoestima e assertividade no trato com o outro.

Maria de Lourdes Machado Cardoso Martins

Contos que Curam

Maria de Lourdes Machado Cardoso Martins

Mineira de Vespasiano, grande BH, onde nasceu e mora. Casada com Fernando Cardoso, mãe de João Pedro e Samuel Machado. Professora do Ensino Fundamental na Prefeitura de Belo Horizonte; pedagoga pela Universidade do Estado de Minas Gerais e psicopedagoga pela Universidade Castelo Branco. Amante da arte de ensinar por meio da contação de histórias, da poesia e da música, artes vividas e aprendidas no seio familiar, em especial com o pai, Geraldo Machado. Atualmente, integrante da Tribo I, No Curso das Histórias de Flávia Gama, almeja levar amor e cura aos corações por meio das histórias e oficinas de Contoexpressão.

Contatos
mlourdesmachado@yahoo.com.br
mlourdesmachado24@gmail.com
Facebook: Lourdinha Machado
Instagram: @lourdinha_machado

Maria de Lourdes Machado Cardoso Martins

Conto
NEM TUDO QUE RELUZ É OURO
Por Fernando Cardoso

"Não importa o que a vida fez com você, mas o que você faz,
com o que a vida fez com você."
Jean Paul Sartre

Outono de 1928. Na varanda da única pensão de Felizlândia, uma pequena e pacata cidade encrustada nas belas montanhas verdejantes do interior de Minas Gerais, encontra-se o dr. Luiz, o juiz, aquecendo-se ao sol da manhã e tomando seu café matinal: pão de queijo com pingado. Apresenta-se compenetrado, pois, por força da profissão, vê-se envolvido num caso complicado, que carece de muita reflexão. Trata-se da morte do Mestre Cuco.
Todas as suspeitas voltam-se para o sr. Rastilho bom de gatilho e a sra. Altamira boa de mira.
É que o mestre fora morto com um tiro certeiro no coração, e, pela análise preliminar do dr. Brito, o perito, a bala teria vindo da praça da Felicidade, bem em frente à hospedaria, local onde ocorrera a tragédia. O projétil fizera a trajetória friamente calculada pelo atirador, o qual rastreou cada centímetro do seu itinerário macabro. Atingiu o alvo tendo acesso pela janela do quarto do pedagogo, no segundo andar do sobrado, prognosticado nos detalhes.
Portanto, tudo aponta para um exímio profissional, emérito conhecedor de armas de fogo, bom de alvo para planejar crimes perfeitos. Suspeitava-se do casal de irmãos aposentados, cujos nomes e ocupações anteriores e posteriores ao evento sugeriam tais habilidades. Eram reformados como atiradores e possuíam o hábito de frequentar o espaço público em questão, dadas as suas inoperâncias profissionais. Acreditava-se que de lá partira o projétil de chumbo fundido, com o intuito de atingir o lado esquerdo do peito do catedrático, perfurando seu órgão vital ali alojado, paralisando-o. O casal de solteirões faria uma dupla perfeita para eliminar o Mestre Cuco do modo ocorrido.
Por sua vez, dr. Delgado, o advogado, jura de pés juntos que não foram seus clientes os autores do disparo certeiro.

Contos que Curam

O magistrado, nos autos, sustenta a tese de que se tratava de um caso de perseguição duplamente qualificada: nominal e profissional. Inclusive relata um álibi: no dia da fatalidade, o casal de suspeitos, sr. Bom de Gatilho e sra. Boa de Mira, teriam visitado suas progenitoras na zona rural de Felizlândia, no sítio "Cantinho da Paz". Portanto, tinham a seu favor uma testemunha acima de qualquer suspeita, para arrolarem no processo, apesar de se tratar de uma senhora centenária, com problemas de locomoção e caduquice avançada.

Afinal, chega o dia do julgamento.

Sexta-feira, 8 h. Manhã de inverno. Começa a sessão. Com a palavra dona Delega, proprietária da "Budega" (nome popular da única pensão do lugarejo), que administrava com pulso forte. Em seu depoimento, informa que ambos os suspeitos frequentam seu estabelecimento comercial há anos. Sendo aposentados, ficam sempre entre o alojamento e a praça. Relatou também que o Mestre Cuco teria se hospedado em sua casa de acolhimento remunerada duas semanas antes do crime. Revelou que o dito cujo teria trauma de ser chamado por outro nome, se não o seu. Mestre Cuco era sua alcunha. Astocrildo, esse era o seu nome de batismo. Adorava quando ouvia sua designação sacramental bem pronunciada: Astocriiiildo!!! (Nesse momento, insinuou bem baixinho, num sorriso sarcástico: acho que o sujeito não era normal!!!). Continuou: na Praça da Felicidade, bem em frente ao sobrado da albergaria, ficam alguns inativos jogando dama e observando o movimento. Todos que por ali passam, não sendo felizlandenses – estes já tinham recebidos alcunhas rimadas relacionadas a seus nomes –, são cognominados por eles. É tradição. Observam o nome, a profissão, ou jeito de andar, de agir, falar, ou a aparência do sujeito ou da sujeita, intitulam-nos e pronto. Tiro e queda, o apelido pega que nem visgo. Como o mestre Astocrildo era um insigne professor, afamado até no exterior, veio proferir palestras agendadas na Escola Municipal Santa Felicidade. Entretanto, tendo sido informado da ação malfazeja dos cidadãos felizlandenses da terceira idade, ficou preocupado em ser vitimado. Preveniu-se: toda manhã, antes de sair, abria a janela do quarto e observava a praça. Estando lá os malfeitores sustentados pelo governo, ele não saía. A cada quinze minutos, repetia a operação: posicionava as mãos nas trancas das abas do objeto que permite ver além da parede e, num só golpe, abria ambas as abas de madeira, arremessando o cangote para fora. Observava a praça e, rapidamente recuava o órgão comunicador entre a cabeça e o tronco, fechando as abas com ventanas. Isso de forma sincronizada como abrira, executando essa operação em intervalos precisos de um quarto de hora, até certificar-se de que os reformados sustentados pelo dinheiro público não estivessem mais na área dedicada à descontração dos cidadãos e cidadãs felizlandenses, intitulada Felicidade.

Maria de Lourdes Machado Cardoso Martins

Tinha certeza de que assim os despistaria. Até que, numa bela manhã ensolarada, depois de aplicada a estratégia de observação preventiva, logo na porta de saída da casa de passagem, alguém o surpreende e anuncia em alta voz: lá vai o Mestre Cuco. Isso o endoidou. Gritou: não, não é possível, me pegaram! Subiu as escadas às correrias em direção ao seu quarto, arrancando os cabelos da cabeça e, logo após, ouviu-se o fatal barulho do disparo: Bummmmm!!! Nesse exato momento, o dr. Luiz, o juiz, grita: caso resolvido, tá claro!

Trata-se de um caso de suicídio por trauma existencial. Bateu o martelo e anunciou: caso encerrado.

Próximo...

Oficina de autoestima e resiliência

Objetivo: refletir sobre o valor que temos, o uso da assertividade e da resiliência diante das adversidades.

A oficina será dividida em quatro partes

Parte 1 – Introdução: prepara os participantes para a oficina.
Parte 2 – Conto: criado para refletir sobre as relações sociais e a forma como cada pessoa reage às situações.
Parte 3 – Atividade didática: a metáfora capa de um herói foi criada para gerar um empoderamento dos participantes, lembrando-os que podem vencer os desafios da vida em sociedade de forma positiva, resiliente e assertiva.
Parte 4 – Final: encerraremos com a leitura da frase de João Guimarães Rosa.

Parte 1 – Introdução

Acolher a todos com um crachá previamente preenchido ou a ser preenchido na hora. O importante é que se pergunte antes ao participante como gostaria de ser chamado no crachá e assim o fazer. Dar as boas-vindas a todos e prepará-los para ouvirem a história, cantando uma música conforme a idade dos mesmos. Dizer-lhes que deseja oferecer-lhes um presente... um conto, mas que todo conto e história são educados e só chegam quando lhes damos licença. Perguntar-lhes se desejam a história e, após a confirmação, brincar assim:

Você: Quando eu disser sol, vocês vão dizer lua, quando eu disser lua, vocês vão dizer sol.

Você: sol, sol, sol — Eles: lua, lua, lua.

Você: lua, lua, lua — Eles: sol, sol, sol.

Você: Quando eu disser dia, vocês vão dizer noite, quando eu disser noite, vocês vão dizer dia.

Contos que Curam

Você: dia, dia, dia — Eles: noite, noite, noite.
Você: noite, noite, noite — Eles: dia, dia, dia.

A brincadeira poderá ter outras trocas, dependendo da idade e dos interesses do grupo.

A última dupla de palavras deverá ser: história/agora/agora/história.

Parte 2 – Conto

Somos marcados pela afetividade que nos atinge positiva e negativamente. A força desse afeto (marca deixada em nosso interior) depende da nossa saúde emocional interna para lidar com as diversas situações pelas quais passamos. Não podemos comandar o que o outro fará, pensará, falará de nós. Mas podemos decidir o que fazer com o que eles nos fizeram: sendo vítimas ou autores de nossa própria história.

2.1. Separar antecipadamente algumas palavras diferentes e perguntar ao grupo se as conhece e falar o significado das mesmas.
2.2. Conto: ler o conto.
2.2. Agora, faremos uma roda de conversa para debater alguns pontos surgidos na história (a criação de rótulos, a empatia, a assertividade e a autoestima em relação aos rótulos recebidos).

• O facilitador passará uma caixa fechada, encapada e com um buraco (ou uma sacola de tecido enfeitada) de onde cada participante tirará uma questão para o grupo refletir. Perguntas possíveis:
• Quais atributos têm valor onde moramos?
• Você já recebeu um apelido de que não gostou? O que sentiu?
• Que lição podemos tirar dessa história?
• O que é *bullying*?
• Quais sinais uma pessoa dá que não está bem?
• O que esperamos dos amigos quando demonstramos que não estamos bem?
• O que você me diria se eu lhe dissesse que não estou bem?
• A quem podemos pedir ajuda se estivermos insatisfeitos?
• Quais seriam as opções saudáveis para o professor da história resolver seu incômodo?

A duração dessa parte ficará por conta do facilitador, que identificará o envolvimento e a maturidade dos participantes, bem como a necessidade da fala.

Parte 3 – Atividade didática "a capa de um super-herói"

(Utilize uma capa de super-herói para cada participante, feita de TNT em cores diversas, para eles escolherem aquela com que mais se identificam.)

Maria de Lourdes Machado Cardoso Martins

1. Diga-lhes que o grupo está na Sala da Justiça dos super-heróis e cada um deles tem um poder especial recebido no nascimento. Você é o comandante e os convocou para reunião especial de salvamento do planeta. Peça-lhes que peguem suas capas especiais e as coloquem.

2. Ordene-lhes que voem livremente pela sala, percebendo as sensações da liberdade, do voo feliz. Nasceram livres, poderosos, com um poder único (coloque uma música que lembre o voo do super-homem ou outro super-herói e os deixe curtir esse momento).

3. Espalhe pela sala tiras de papel em formato de raios e diga-lhes que os super-heróis são atingidos por raios inimigos. Peça-os para pegarem as tiras encenando um ataque inimigo e para se lembrarem nesse momento de todas as falas e agressões que sofreram que vierem à mente (escrever em poucas palavras as agressões mais fortes que sofreram). Ponha para tocar uma música dramática e passe por eles orientando-os a colocarem nos raios aquilo que mais os atingiu e colarem com fita adesiva os raios na capa protetora ou no corpo.

4. Após eles escreverem nos raios, o facilitador diz aos super-heróis que eles estão muito feridos e tombam com os raios que receberam. Peça-lhes que deitem no chão e fechem os olhos (visualizem o lugar onde acontece o combate). Todas as pessoas que os feriram percebam os sentimentos presentes... é ruim tanto peso no coração... devem liberar o perdão para retornarem à sua missão de heróis).

Dizer-lhes que tem um incinerador potente onde será eliminada qualquer dor, mas que o mal só voa para o incinerador se os heróis liberarem o perdão, orientá-los a liberar esse perdão e sentir a leveza desse momento.

Pedir-lhes para se assentarem e jogarem no incinerador (vasilhame apropriado preparado anteriormente) todos os papéis que desejam queimar. Cada super-herói vai levantando e jogando seu papel no fogo.

obs.: por segurança poderá ser um fogo simbólico.

5. Após o momento de perdão e purificação, os super-heróis são convidados a blindarem o coração, tornando-se indestrutíveis, com frases e palavras-chave que usarão nas próximas vezes em que forem atingidos. Quando a nossa autoestima está elevada, as palavras dos outros não nos matam.

Eles receberão um bloquinho de papel em formato de coração (recortar previamente folhas de papel ofício em formato de coração e confeccionar um bloquinho de papel para cada um). Explicar-lhes que temos três jeitos de lidar com uma situação: como vítima (quando não respondo e fico sofrendo calado ou reclamando longe do agressor), com agressividade (revidando a agressão com outra agressão) ou com assertividade (mostrando que aquela é a opinião da pessoa, que respeito, mas não concordo, e tenho a minha opinião). Explicar rapidamente cada jeito.

Contos que Curam

Eles escreverão palavras de assertividade, ou atitudes de assertividade para cada vez que sofrerem os golpes que consideram suas piores fraquezas. Para cada ofensa ou crítica, uma ação ou pensamento positivo e de força. Podem fazer umas três na oficina e completar o restante em casa.

Exemplo: quando alguém disser que não gostou da minha roupa, vou agradecer a preocupação e dizer que gosto dela assim.

Parte 4 – Final

Agradecimentos e mensagem.

A principal fonte de poder que temos para enfrentar os desafios e inimigos vem de um coração que agradece, que se conhece, que medita, reflete e assume o controle de sua vida.

Agora, vocês tirarão as capas protetoras, pois voltarão para o mundo disfarçados de pessoas comuns, mas no interior sabem quem são, dos poderes que têm e da missão que têm no mundo.

Ler a mensagem de Guimarães Rosa:

O correr da vida embrulha tudo.
A vida é assim: esquenta e esfria,
Aperta e afrouxa,
Sossega e depois desinquieta.
O que ela quer da gente é coragem.

Contos que curam

CAPÍTULO 13

Oficina
As estações
do amor

A oficina tem como objetivo proporcionar um momento de reflexão e ressignificação acerca da formação e rompimento de vínculos ao longo da vida, ou seja, do amor e da perda.

Mayana Okada

Contos que Curam

Mayana Okada

Pedagoga formada pela Universidade do Estado do Pará, Psicóloga formada pela Universidade Federal do Pará, mestre em Teoria e Pesquisa do Comportamento pela Universidade Federal do Pará e especialista em Psicologia da Saúde e Hospitalar, Arte-Educação e Arteterapia (em andamento). Ama o ambiente escolar, atuando na educação há mais de 10 anos como coordenadora pedagógica. Coleciona experiência na docência com bebês, crianças, adolescentes, jovens e adultos. Atua como psicóloga clínica atendendo adolescentes e adultos. É palestrante e se diverte Contando Histórias.

Contatos
mayanaokada@gmail.com
(91) 98131-5209

Mayana Okada

Conto
A BOUGAINVILLE
Por Mayana Okada

"O amor é a fonte de prazer mais profunda na vida, ao passo que a perda daqueles que amamos é a mais profunda fonte de dor. Portanto, amor e perda são duas faces da mesma moeda. Não podemos ter um sem nos arriscar ao outro."
(PARKES, 2009).

Lembro quando eu cheguei em casa, era tão pequena, muito frágil e precisava de cuidados. Ela me pegou com calma e fez uma caminha de grãos e areia no vaso que seria o meu lugar para desenvolver. Não sabia o que esperar, mas ela já esperava muito de mim. Uma flor, um cheirinho no ar, um atrativo para passarinhos, uma surpresa no desabrochar de cada flor. As expectativas eram muitas e eu apenas um brotinho. Um broto que arrancava sorrisos e admiração.

Sol, lua, estrelas, vento, chuva, os dias foram passando e eu me espreguiçando, me alongando, ganhando dimensões além do vaso. De onde eu ficava, assistia a cidade dormir e acordar. As luzes se acendiam e apagavam, as pessoas corriam, sorriam, choravam, e via que a vida era muito boa. Ela diariamente sentava ao meu lado e lia um bom livro, às vezes sorria, gargalhava, chorava e até falava com os seres das histórias. Eu balançava as folhas para dizer que estava gostando e gostava mesmo.

Tudo era muito bom e divertido. A voz dela me aconchegava, ela me regava, sentia cócegas, e contava como tinha sido o dia, mas as mudanças começaram no último ano. Eu só sei marcar o tempo sentindo as estações do ano. Uma coisa é a estação do ano e outra é como percebemos as estações. Antes, todas eram emocionantes, agora eu sei que cada uma pode ser um período certo para curar, amadurecer e celebrar.

Primavera. Foi uma época muito agradável, os dias eram longos e quentes. Eu estava carregada de flores. Ela fazia questão de me dar um "bom dia", pegava uma flor, colocava atrás da orelha, sorria e saia. Nessa hora o meu coração explodia, se pudesse, faria um tapete de flores para ela andar, só para ver o quanto era especial para mim.

Contos que Curam

Como não podia, eu deixava os passarinhos fazerem belos ninhos em meus galhos, as borboletas vinham me visitar e eu contava como a vida era boa. O mundo ficou colorido, durante as leituras as gargalhadas eram infindáveis, ela colocava música e as minhas folhas balançavam.

No verão tudo ficou mais quente, os dias pareciam mais longos e ela se divertia me regando. O clima era de alegria no ar, queria aqueles momentos para sempre, mas não sabia como expressar. Ela não saía mais, ficava em casa e sempre pertinho de mim. Fizemos piquenique na sacada, recebemos visitas, ela sempre se orgulhando da nossa amizade e dizia para todos que eu era uma boa companheira. Eu acreditei, sempre estava ali balançando as minhas folhas, oferecendo as minhas flores e esperando para ser regada, era a melhor hora, as minhas cócegas e as gargalhadas dela.

Os dias foram passando, os passarinhos dos ninhos nasceram e com o tempo voaram, as borboletas nunca mais voltaram e as minhas flores foram diminuindo. Antes isso não era um problema, mas passou a ser quando perdi o meu "bom dia". Não sei o que aconteceu, as leituras diminuíram e ela saía e chegava sem me fazer cócegas, ela estava triste e eu fui murchando. Por coincidência, era outono, não sei se minhas folhas caíam porque tinham que cair ou se era tristeza. Os dias eram mais curtos e mais frescos, mal nos víamos e quando a via, passava por mim preocupada. Queria dizer algo, queria saber o que estava acontecendo, minhas folhas mudavam de cor, eu não me reconhecia mais e nem a reconhecia.

No inverno ela se aproximou, eu não tinha nada para oferecer, quase não tinha mais folhas, estava seca. Ela sentou ao meu lado e disse que sentia muito, mas que precisava partir e que eu era muito grande, não tinha como ir junto, teria que ficar. Ela me regou, não senti cócegas, chorei. Os dias foram frios, a casa estava vazia, ela levou tudo e eu fiquei. O que eu deixei de fazer? Não dei flores suficientes? Ela queria frutos? Eu não sei dar frutos! Ela queria sombra? Eu deixei os passarinhos fazerem ninhos em mim! Eu fiz amizade com as borboletas. Eu dancei quando ela colocou música. Eu fui companheira.

Sem respostas, esperei o frio passar, foram dias de solidão, tive que ser a minha própria companhia, mesmo sem flores, cócegas, leituras ou música. Queria algo para me agasalhar, eu que sempre fui agasalho dela e de passarinhos. Do meu vaso, a vida não era boa.

Quando o inverno estava acabando a casa se abriu. Algumas pessoas entraram, não conhecia ninguém. Eu pensava que era uma estranha para eles também até que um deles falou: "Está aqui a amiga dela!".

A pessoa tinha nas mãos um anúncio que dizia: "Vende-se um apartamento no 12º andar com vista para um bosque. No apartamento, você receberá visitas de passarinhos e borboletas. A sacada é pequena, mas nela habita a minha melhor amiga, que me acolheu por muitas estações. Ela sabe dançar, tem lindas flores e me alegrou diariamente. O comprador terá que amá-la também, pois a estrutura do seu vaso é presa ao chão e a sua retirada pode matá-la".

Algumas estações ensinam que partidas não significam fins, são recomeços, uma nova maneira de ser e estar na nossa vida ou na vida de alguém.

Oficina: As estações do amor

Objetivo: a oficina tem como intuito proporcionar um momento de reflexão e ressignificação acerca da formação e rompimento de vínculos ao longo da vida, ou seja, do amor e da perda. Para Parkes (2009), o componente indispensável para o amor é o compromisso. O amor é o laço psicológico que vincula o indivíduo a outro por um período da vida. As experiências afetivas serão analisadas utilizando o conto "A Bougainville", escrito por Mayana Okada. Alguns elementos simbólicos serão utilizados para acessar sentimentos e lembranças difíceis de enfrentar. A atividade possibilitará uma reflexão acerca dos modelos de vínculo que o participante apresenta, sua maneira de estar nas relações, o seu autocuidado, autoconhecimento e autoestima diante das relações afetivas.

A oficina está dividida em cinco partes

Parte 1. Introdução: momento para sensibilizar os participantes sobre a temática desenvolvida, amor e perda. Esclarecendo o termo utilizado no conto, como: Bougainville e curiosidades referentes às estações do ano e as necessidades das plantas para o seu desenvolvimento saudável. Essas informações serão simbolicamente associadas aos sentimentos de amizade, amor, cuidados presentes nos vínculos afetivos;

Parte 2. Conto: escrito exclusivamente para esta oficina e contém elementos simbólicos que serão explicados posteriormente;

Parte 3. Atividade didática: "O Vaso do Amor" foi desenvolvido pela autora com o objetivo de proporcionar um momento de reflexão e ressignificação das relações rompidas ao longo da vida de forma simbólica e sensorial;

Parte 4. Análise grupal da vivência: após a realização da atividade, cada participante compartilhará o que sentiu durante a vivência.

Parte 5. Final: a atividade será encerrada com todos os participantes formando um círculo, e o facilitador concluirá com uma mensagem de agradecimento.

Contos que Curam

Parte 1 – Introdução

O conto proposto utiliza o cultivo de uma planta como símbolo de uma relação de amor, amizade e cuidado, representado pelo vínculo entre uma pessoa e uma *Bougainville*. O facilitador pode utilizar um vaso de planta para iniciar o debate com as seguintes perguntas: "Quais são as necessidades de uma planta?"; "Quais são as necessidades para manter bons vínculos afetivos?"; "Quais são as mudanças que as plantas sofrem ao longo das estações do ano?"; "Quais são as mudanças que os relacionamentos podem sofrer?". As diferentes respostas serão fruto de distintas histórias de vida. Esse momento de conversa precisa ser agradável para que todos se sintam acolhidos e respeitados, assim é possível conhecer melhor o grupo e proporcionar interação entre os membros.

Parte 2 – Conto

O amor é um dos sentimentos mais motivadores que o ser humano pode sentir. Ao amar, o indivíduo investe sua energia psíquica no objeto amado e quando há um rompimento de vínculo ocorre a "dor de amar" (NASIO, 2007). No momento da perda, a pessoa vive um desequilíbrio psíquico, um caos emocional, esse período é subjetivo, cada um tem o seu tempo para viver a desordem até chegar à organização, isso ocorre de acordo com a intensidade do vínculo estabelecido com o amado.

O conto ilustra uma relação de amizade entre uma pessoa e uma *Bougainville*, uma planta. Em algum momento da vida podemos ser o cuidador, o que investe diariamente na relação. Em contrapartida, podemos ser a *Bougainville*, quem algum dia foi deixado por uma pessoa muito querida. As relações rompidas podem ser elaboradas pelo indivíduo o preparando para relações futuras e para estar bem consigo mesmo.

2.2 – Perguntas
O que você entendeu deste conto?
Você se identificou com algum personagem da história?

Parte 3 – Atividade didática "O Vaso do Amor"

Para a oficina serão necessários: papel semente, vaso de barro, terra para plantio, água, tinta guache, pincel, caneta hidrocor, lápis de cor, caneta e tesoura.

1 – Sensibilização do grupo: os participantes são levados a fazer um passeio por sua vida. Três perguntas nortearão a reflexão:

"Quais as pessoas que marcaram o percurso da sua vida?"; "Essas pessoas permanecem na sua caminhada?" e "De que maneira essas relações mudaram a sua vida?". As relações ao longo da vida podem mudar, assim como a própria pessoa. Quando o passeio estiver finalizando, peça para o participante escolher uma relação afetiva para ser aprofundada durante a vivência.

2 – Carta de amor: ao escolher a relação afetiva, o participante será incentivado a escrever uma carta. Nesse momento, são entregues aos participantes: o papel semente, caneta, giz de cera, caneta hidrocor e lápis de cor. Será um momento para colocar em palavras tudo que ficou para ser dito a outra pessoa, mas que não foi possível. Simbolicamente, o indivíduo organizará seus sentimentos e pensamentos. Algumas perguntas podem nortear a escrita: "O que você gostaria de dizer que nunca disse?", "Quais foram os momentos mais especiais vividos juntos?", "Quais foram os momentos mais difíceis?" e "O que você aprendeu com o relacionamento?". A carta não será lida em grupo, será um momento de silêncio e de contemplação. Após a escrita, será dada a oportunidade para o participante apreciar o que escreveu, reler e se ver diante dos sentimentos expostos.

3 – Decorar o vaso: o vaso simboliza o participante, momento em que o mesmo é levado a refletir sobre si, como está emocionalmente, como tem se cuidado. As questões norteadoras para esta etapa são: "Como você está emocionalmente para receber alguém em sua vida?" e "Que tipo de relação pretende plantar?". O vaso tem que ser propício para que a planta se desenvolva de forma adequada; precisa de amor-próprio, autoestima, autocuidado, autoconhecimento. Após a reflexão, o participante é incentivado a decorar o vaso, pode pintar livremente, colocar desenhos ou palavras que expressam o que ele, como indivíduo, precisa ter para cultivar uma relação saudável.

4 – O cultivo: após o resgate da relação afetiva e da autoavaliação do participante, chegou o momento do cultivo. Para o plantio, o facilitador proporcionará as seguintes reflexões: a *Bougainville* sempre está com flores, mas tem espinhos, "Quais são as flores e os espinhos da relação?". A terra deve ser fértil para brotar uma relação saudável, mas também precisa de cuidado diário, com o outro e consigo mesmo. A água e a luz solar podem ser associadas ao carinho, amizade e amor. As estações do ano podem ser simbolizadas com os sentimentos de alegria, frieza, desprezo, saudade. Todos esses sentimentos são naturais nas relações, mas com o autoconhecimento e diálogo é possível discernir o que é saudável em uma relação afetiva. Ao plantar a carta espera-se que o participante compreenda que a relação vivida pode germinar outros sentimentos, uma nova maneira de ser e estar na vida da pessoa amada. O florescer acontece quando as raízes internas são profundas e firmes (autoconhecimento, autoestima, amor-próprio e autovalorização).

Parte 4 – Análise grupal da vivência

Nesse momento, o facilitador deve mediar a participação de todos e deixar o grupo à vontade para expressar o que foi vivido na oficina. A fala deve ser espontânea, respeitando o tempo de cada indivíduo. Caso o participante não queira socializar o que experienciou, deve ser respeitado.

Parte 5 – Final

A proposta da oficina é para adolescentes, podendo ser adaptada para crianças e adultos. Para finalizar a vivência, será feito um círculo em que todos os participantes ficam de mãos dadas, cada um falará uma palavra que represente o momento vivido como: amor, gratidão e perdão. Após a participação de todos os membros, o facilitador concluirá de forma acolhedora tudo o que foi plantado e nutrido durante o encontro e desejará flores e frutos na manutenção dos vínculos presentes na vida e dos novos que surgirão na caminhada de cada um.

Referências
NASIO, Juan-David. *A dor de amar*. Rio de Janeiro: Zahar, 2007.
PARKES, Colin Murray. *Amor e perda: as raízes do luto e suas complicações*. São Paulo: Summus, 2009.

Contos que curam

Capítulo 14

Oficina de resiliência
Meu reino interior

Esta oficina tem como objetivo desenvolver a resiliência, a empatia e a autoestima, ferramentas fundamentais para que o adolescente seja capaz de expressar suas emoções quebrando o silêncio que o faz sofrer e se sentir inseguro. E, assim, poder abrir o seu coração sobre suas dores e temores.

Valdirene Carvalho da Silva Rodovalho

Contos que Curam

Valdirene Carvalho da Silva Rodovalho

Nasceu em Monte Alegre do Piauí – PI e mora em Goiânia – GO. É casada com Darlan Júnior, mãe da Giovana e do Pedro. Graduada em Letras - Licenciatura Plena em Línguas Portuguesa e Espanhola e Literaturas Correspondentes pela Universidade Católica de Goiás UCG. É professora do Ensino Médio na Rede Pública Estadual de Goiás. Certificada em Contoexpressão: Educação Emocional e Terapia Através de Contos, por EPsiHum - Escuela de Terapia Psicopexpresiva Humanista (IASE). Também é certificada em Contação de Histórias por Flávia Patricia Gama, No Curso das Histórias. Apaixonada por literatura, leitura e contação de história, pois acredita no poder transformador e curativo que elas têm.

Contatos
letramentoecia@gmail.com
Instagram: val.carvalho2019
Facebook: Valdirene Carvalho

Valdirene Carvalho da Silva Rodovalho

Conto
OS TRÊS REINOS
Por Claudine Bernardes e Valdirene Carvalho

> "Sei que não posso viver automaticamente:
> preciso de amparo e é do amparo do amor."
> **Clarice Lispector**

Primeira parte

Ela abriu a porta de casa e foi recebida pelo silêncio. Não houve "boa tarde", seu sanduíche favorito não estava sobre a mesa, ninguém a questionou sobre como tinha sido o seu dia. Depois de preparar um lanche, com os ombros caídos e o olhar distante, sentou-se na varanda, para encher seu silêncio com o barulho que chegava da rua.

Há um tempo não muito distante, tudo era diferente. Mas de repente percebeu que tudo aquilo havia acabado, a infância fora embora, tão rápida como uma viagem de trem-bala. E com ela foi-se também seu porto seguro, seu castelo de encantamentos, de carinho, atenção, cuidados, afagos e melodias que cheiravam ternura. Agora, aos catorze anos, sentia como se não tivesse identidade. Chamavam-lhe de aborrescente, rebelde sem causa. Muitas vezes, ignoravam de maneira irônica seus sentimentos e simplesmente diziam que já não era mais criança e que deixasse de agir como tal. Às vezes, sentia-se como um porco-espinho, quando na verdade desejava ser ímã e poder atrair pessoas dispostas a dar-lhe atenção, a ouvir o que tinha a dizer. Sentindo-se invisível, percebia que dentro de si uma voz ecoava pedindo socorro. Porém, seu grito de socorro era mudo, para dentro, pois tinha medo dos julgamentos, da incompreensão, da indiferença. O eco parecia ter sido engolido por uma gigantesca montanha, e já não ecoava mais nos ouvidos daqueles que a cercavam.

Mas, quem se importa? Quem está disposto a romper a distância que existe entre os corações? Quem se atreve a construir uma ponte sobre esse abismo?

Ninguém responde! Só silêncio!

Contos que Curam

Segunda parte

Chegou a noite e ela, reservada no seu próprio silêncio, dirigiu-se para seu quarto. Ao repousar a cabeça no travesseiro, sentiu-se abraçada pela mais fria solidão. Parecia estar totalmente sozinha no mundo, embora rodeada por pessoas. É difícil dormir quando a lembrança de palavras hostis, escutadas durante o dia, ataca seus pensamentos. Porém, o cansaço acabou vencendo a dor e ela adormeceu.

No seu mundo de sonhos, encontrou-se num oásis de rara beleza, paz e harmonia. Um lugar cheio de encantamentos, muito diferente do mundo hostil e turbulento no qual ela vivia. Começou a andar sentindo a brisa fresca acariciando seu rosto, quando, de repente, como num passe de mágica, apareceu uma linda fada com sua varinha de condão e rodopiando à sua volta disse:

— Sou sua fada madrinha e estou aqui para ajudá-la a seguir sua jornada. O seu caminho estará cheio de provas e desafios a serem vencidos, porém você é forte e capaz de vencer. Venha comigo, que a acompanharei numa viagem a reinos distantes, e você deverá escolher em qual deseja viver.

A fada moveu sua varinha e num instante ambas foram transportadas para um novo lugar.

— Esse é o reino de Cristal. Tudo aqui é de cristal, inclusive as pessoas. No reino de cristal, todos caminham com as pontas dos pés, evitam falar e quase não se comunicam, tudo por medo de quebrar algo.

— Parece bom viver aqui – disse a jovem. – Todos parecem muito respeitosos e cuidadosos.

— De fato, são – respondeu a fada. — O problema é que eles não aprenderam a relacionar-se entre si, não falam dos seus sentimentos, não expressam seus medos, frustrações, inseguranças, tudo por medo de ofender aos outros e gerar uma ruptura. E assim vão guardando tanta energia dentro de si que um dia acabam explodindo. Ah! E quando isso acontece é um desastre, porque acabam machucando-se e a todos que estão à sua volta.

E, num passe de mágica, a fada a levou para um novo reino, onde tudo era feito de pedra. As casas pareciam lugares sólidos e perenes, as pessoas caminhavam com muita firmeza e a jovem disse:

— Fada, as pessoas desse reino parecem muito seguras de si, elas caminham com firmeza. Eu gostaria de parecer forte e poderosa como elas.

— Ah, minha querida! Toda essa aparente força tem um preço. Essas pessoas que você vê têm um coração endurecido, dizem sempre o que pensam sem preocupar-se com os demais. Elas esmagam os outros com a força e o poder das suas palavras, tanto que acabaram escravizando as pessoas que vivem no Reino de Cristal.

— Que horrível! – disse a jovem. — Eu não quero viver num

Valdirene Carvalho da Silva Rodovalho

reino assim, e também não quero viver no Reino de Cristal, onde as pessoas são escravas.

Sem mais explicações, a fada moveu sua varinha e a transportou para um novo lugar. A jovem se surpreendeu, era algo totalmente diferente de tudo o que havia visto. Um lugar cheio de cores e formas, e, à medida que elas caminhavam pelas ruas, as casas, as árvores e até as pessoas iam se transformando.

— Que lugar incrível! Onde estamos? – perguntou a jovem.

— Estamos no Reino da Resiliência – respondeu a fada. — Aqui, tudo é feito de materiais moldáveis, como a borracha, por exemplo, que mudam de forma para adaptar-se às necessidades... – De repente, a fada foi interrompida por um barulho de disparo de canhão, e uma grande pedra começou a cair sobre um grupo de pessoas que não tiveram tempo de fugir. Quando a pedra caiu sobre elas, em vez de esmagá-las, voltou a saltar para longe.

— Uau! O que foi isso? – perguntou a jovem.

— Ah, minha querida! O Reino da Resiliência é constantemente atacado pelo Reino de Pedra, porém este não consegue vencê-lo. As pessoas daqui estão acostumadas a pedir ajuda, se protegem, falam dos seus problemas. Como você pode ver, tudo aqui se transforma, porém o material é sempre o mesmo, assim elas conseguem manter a essência e viver em paz, apesar de serem constantemente atacadas.

A jovem compreendeu que deveria aprender a se expressar, se aceitar e amadurecer, para viver naquele reino. Após ser ouvida com generosidade e guiada pela fada madrinha para aprender a falar sobre seus sentimentos, sentiu que finalmente havia encontrado um caminho a seguir. Mas os sonhos não duram muito, não é mesmo?

E, quando a jovem acordou, percebeu que tudo ao seu redor continuava igual, porém ela se sentia diferente. Então, foi para o colégio como todos os dias, desejando que aquele sonho se tornasse realidade, quando de repente entrou na sala de aula uma nova professora. Com um grande e caloroso sorriso, ela tirou da bolsa uma varinha de condão exatamente igual àquela que ela viu no sonho e disse:

— Hoje, vou contar-lhes uma história, uma linda história! Preparem-se para conhecer novos mundos...

A jovem sentiu como se uma brisa fresca tocasse seu rosto, e logo compreendeu que aquela professora seria a fada que a guiaria e mudaria sua história. Agora, sentia-se leve como uma brisa e forte como uma ventania, pois já não era mais tão sozinha e frágil como antes.

Oficina de resiliência: "Meu reino interior"

Objetivo: esta oficina tem como objetivo desenvolver a resiliência, a empatia e a autoestima, ferramentas fundamentais para que o adolescente seja capaz de expressar suas emoções quebrando o silêncio que o faz sofrer e sentir inseguro. E assim poder abrir o seu coração sobre suas dores e temores. Por meio do conto "Os Três Reinos" ser capaz de identificar seus adultos de referência, que serão seus mentores no processo de desenvolvimento emocional.

A oficina está dividida em quatro partes

Parte 1. Introdução: apresentação dos participantes e conexão com o conceito de resiliência.

Parte 2. O conto: foi escrito em duas partes, razão pela qual a parte que corresponde à contação será dividida também em duas partes, intermediada por perguntas.

Parte 3. Atividade didática: "Escrevendo sobre minhas emoções" é uma atividade desenvolvida pela autora com o objetivo de encorajar o adolescente a expressar suas emoções sem medo de julgamentos e assim poder conectar-se emocional e simbolicamente de forma sensorial.

Parte 4. Final: para encerrar, cada participante receberá um coração de papel contendo uma frase sobre a resiliência.

Parte 1 – Introdução

A) Apresentação: para introduzir esta oficina, os participantes deverão apresentar-se (caso seja a primeira vez que o facilitador realiza uma atividade com o grupo), podendo distribuir crachás para que se vejam os nomes. Tendo em vista que estamos trabalhando o conceito de invisibilidade do adolescente, é importante chamá-los pelos seus nomes.

B) Resiliência: depois, o facilitador guiará os participantes a compreender o que é a resiliência, conforme as seguintes instruções: 1. Pergunte aos participantes se eles sabem o que é a resiliência. Depois, escute as respostas, sem dar-lhes a definição. 2. Apresente três objetos, para trabalhar o conceito: Pedra (15 cm aproximadamente, que seja grande, pesada e áspera); Objeto de vidro (que se quebraria facilmente); Objeto de borracha (poderia ser uma bola). 3. Perguntar que objeto está feito de um material mais resiliente. Depois, pegar um a um e perguntar que aconteceria se jogasse o objeto contra o chão. É importante deixar que os participantes expressem suas opiniões.

Parte 2 – O Conto

Para que haja uma melhor compreensão por parte dos participantes, o conto foi dividido em duas partes. A primeira parte com um final por terminar, após a leitura dessa parte abre-se uma roda de conversa sobre o tema para gerar empatia, fazê-los interagir etc. e ver como eles reagirão à história.

Então, diz: mas essa história não terminou aqui e terá um final feliz, assim como a história de vocês que não se encerra nas dificuldades e também poderá ser recheada de alegrias e realizações.

Nessa parte, conta-se a segunda parte do conto, são feitas as perguntas e em seguida se distribui caneta e papel para cada participante escrever sobre suas emoções.

2.1. Contar a primeira parte do conto "Os Três Reinos"

Elementos simbólicos da primeira parte (que não devem ser explicados aos participantes): a invisibilidade representa a adolescência, uma fase linda da vida, porém com tantos conflitos, medos, sonhos, questionamentos e mudanças às vezes tão difíceis de compreender que, apesar de o adolescente ser alguém importante e capaz, sente-se muitas vezes esquecido, incompreendido e não visto por aqueles que tanto ama. O porco-espinho representa a distância e a frieza com que é tratado na convivência diária. O ímã, a vontade de ser acolhido com carinho e atenção. O trem-bala, a velocidade com que passou aquele período mágico da infância. O oásis, o desejo de viver em harmonia nas relações com os outros em casa e na escola, sentindo-se amado, aceito, respeitado, notado. A fada madrinha representa as pessoas que se importam com ele e estão dispostas a ajudá-lo e orientá-lo na sua jornada em busca de seus objetivos, conscientizando-o de que terá muitos problemas e obstáculos a serem superados na caminhada, mas que poderá contar sempre com ajuda de alguém especial. É preciso entender que todos nós vivemos momentos de altos e baixos na caminhada da vida e que é necessário persistir, pois somente quando somos capazes de lidar com os problemas, superar os obstáculos e adaptar-nos às mudanças, temos a oportunidade de viver o melhor da nossa história.

2.2. Perguntas para despertar o conhecimento e liberar as emoções

1. O que vocês entenderam da história?
2. O que vocês acham que o porco-espinho e o ímã representam?
3. Qual a maior dor da personagem?
4. Alguém se identificou com a personagem? Já se sentiu como ela?
5. Vocês entendem a importância de se falar sobre as emoções? O que isso significa para vocês?

2.3. Contar a segunda parte do conto "Os Três Reinos".

Como você pode observar, na segunda parte a história foi trasladada para o mundo mágico-simbólico, onde tudo é possível, e possui elementos simbólicos muito importantes para compreender o que realmente é a resiliência, e a importância de identificar os adultos de referência que servirão de guia e auxílio durante o período da adolescência.

2.4. Roda de conversa: falar com os participantes sobre essa segunda parte

1. O que vocês acharam dessa parte da história?
2. Alguém poderia explicar agora o que é a resiliência?
3. Você se considera uma pessoa resiliente?
4. Existe algum adulto na sua vida que possa ser de ajuda, como uma "fada madrinha"?

Parte 3 – Atividade didática "Escrevendo sobre minhas emoções"

Para realizar essa atividade, é necessário disponibilizar para cada participante:
1. canetas.
2. papéis tipo A4.
3. lápis de cor e canetinhas.
4. adesivos para ilustrar.

O facilitador deverá levar uma caixa de papelão, de 40C x 28L x 7A, decorada ou pintada para colocar as cartas.

3.1. Distribua caneta e papel para todos os participantes

Peça para que cada um escreva um pequeno texto explicando como se sente, as emoções que está experimentando. Informe aos participantes que eles podem escrever de forma anônima (aqui o facilitador deve explicar aos participantes que podem decorar o seu texto, para dar um toque pessoal). Depois, dobre o papel e o coloque na caixa que deve ficar num local afastado do grupo.

3.2. Hora de compartilhar emoções

Após todos colocarem seu texto na caixa, o facilitador pega alguns aleatoriamente, lê para o grupo e diz: alguém aqui se sente assim?

Para finalizar, cada participante receberá um coração de papel contendo uma frase sobre a resiliência.

4. Final: o facilitador concluirá de forma acolhedora distribuindo para cada participante um coração de papel contendo uma frase que fale sobre a resiliência. Nesse momento, pode ser tocada a música: *Era uma vez* de Kell Smith.

Contos que Curam Adultos

Contos que curam

CAPÍTULO 15

Oficina
Meu era uma vez reescrevendo a minha história

Esta oficina tem como objetivo ressignificar dores e traumas vivenciados pela morte de alguém querido, ou por algum acontecimento do passado que cause tristeza. Leva os participantes a terem um novo olhar sobre as suas vivências e se fortalecerem para seguirem adiante e construírem novas histórias.

Flávia Gama

Contos que Curam

Flávia Gama

Mãe da Giovanna, a princesa-heroína que a resgatou da dureza da vida e a fez voar no mundo encantado das histórias e em outros mundos, na tentativa de se tornar uma mãe e um ser humano melhor! Nessa busca, se reinventou e deixou para trás algumas ilusões disfarçadas de certezas, para se encontrar nos palcos, no *coaching* e no empreendedorismo. Encontrou a sua tribo e transformou centenas de vidas com o poder das histórias no seu curso *online*: o *No Curso das Histórias*, e também nos seus treinamentos, *workshops* e oficinas. E nessa jornada de encantamento, teve o privilégio de palestrar para mais de 15 mil pessoas em grandes eventos e para outras milhares *online*. Este é o seu segundo livro publicado pela Literare Books (o primeiro foi o *Coaching para pais-vol. 2*). Foi também a coordenadora editorial deste livro lindo que você tem em mãos. Flávia acredita mesmo no poder do *storytelling* e em uma comunicação autêntica para conectar as pessoas e transformar vidas!

Contatos
www.flaviagama.com.br
flavia@flaviagama.com.br
Instagram e Facebook: flavinha.gama
YouTube: Flavinha Gama

Flávia Gama

Conto
A PRINCESA ADORMECIDA – MEU ERA UMA VEZ
Por Flávia Gama

"Toda dor pode ser suportada se sobre ela
puder ser contada uma história."
Hannah Arendt

E ra uma vez uma princesa, que um dia encontrou um príncipe... e os dois se apaixonaram e se casaram. Foram viver em um castelo diferente, que não era grande na horizontal como os castelos que se vê por aí. Era um castelo alto, comprido, que chegava ao céu. E lá do alto eles viam o mundo e sonhavam com os lugares que um dia eles iriam conhecer e com tudo o que eles iriam realizar. E eram tão felizes! Adoravam festejar e receber seus amigos, viviam cercados de amor e alegria.

Um dia, o príncipe e a princesa estavam celebrando uma grande conquista e de repente, sem mais nem menos, entrou no castelo um vulto enorme e rápido como um furacão... Era o Senhor Destino e, às vezes, ele costuma ser implacável. E sem dar explicações, o Senhor Destino levou embora o maior tesouro do castelo e deixou todo o reino abalado e estarrecido.

Mas ninguém ficou mais ferido e entristecido do que a princesa. A tristeza era tanta que doía em seu corpo. Ela chorou tanto, sofreu tanto e por tanto tempo que não conseguiu mais ficar no castelo. Caminhou até a floresta e caiu em um sono profundo... e adormeceu por longos anos.

O príncipe ficou desesperado, procurou a princesa em todo o reino e finalmente a encontrou, em uma clareira no meio da floresta. Ele a levou de volta para o castelo e fazia de tudo para acordá-la.

Chamou os melhores médicos, curandeiros e especialistas de todos os reinos conhecidos, e nada!

Organizou festas, levou a princesa em viagens, comprou-lhe presentes... e nada!

A princesa apenas dormia, o sono mais profundo de toda a história. Então, um dia algo mágico aconteceu.

O sol, que observava aquele reino há tempos, decidiu que não esperaria mais, pois poderia ser tarde e resolveu se declarar para a lua contando para ela todo o seu amor. E então eles se aproximaram e se beijaram. E daquele beijo mágico um raio se desprendeu e caiu direto no coração da princesa, que magicamente despertou, mais cheia de amor e de sede de vida do que nunca. E ela e o príncipe saíram pelo mundo celebrando a nova jornada. Nove luas depois, voltou ao castelo o Senhor Destino.

Mas, dessa vez, ele trouxe um presente para a princesa. Quando ela abriu a caixa, uma lágrima percorreu seu rosto. Era o melhor presente que ela poderia ganhar: uma linda princesinha. E ela sorriu. E a princesinha sorriu de volta. E nesse exato instante, uma estrela brilhou no céu. E a estrela ilumina esse reino todos os dias e todas as noites.

E dizem que é por isso que nesse reino todos vivem felizes para sempre!

Oficina "Meu era uma vez"

Objetivo:
Por meio do conto A princesa adormecia - Meu era uma vez, escrito por Flávia Gama, introduziremos os elementos simbólicos, visando promover a aceitação dos fatos já ocorridos, o autoconhecimento e o empoderamento, levando os participantes a se encorajarem para conseguir olhar para o fato doloroso com mais leveza, conseguindo externalizar e vivenciar seus sentimentos e emoções acerca da situação, ressignificando sua história.

Depois utilizaremos a técnica da metáfora narrativa para recontar a história na versão encantada, trazendo um novo desfecho com o elemento essencial de esperança dos contos de fadas: o final feliz, proporcionando um novo e possível olhar sobre a história, levando cada participante a se perceber e a valorizar os fatos de sua história com mais compaixão e generosidade sobre si mesmo.

A oficina está dividida em seis partes

Parte 1. Introdução: para envolver os participantes no clima do encantamento, o facilitador deve preparar o ambiente com elementos que despertem os sentidos e conduzam os participantes com mais facilidade ao mundo da magia dos contos de fadas. Para tanto, pode utilizar músicas, objetos, tapetes, podendo o facilitador vestir-se com fantasias como um personagem de conto de fadas.

Parte 2. Conexão com sua história: conduzir os participantes para que os mesmos escolham um fato marcante em sua história para serem trabalhados na oficina. Esta etapa será feita em dupla.

Parte 3. Conto: foi criado pela autora a partir de um fato doloroso vivenciado por ela. Utilizando-se de elementos simbólicos conseguiu trazer um novo significado, possibilitando um novo olhar para a sua própria história. Este conto será a inspiração e modelo para os participantes.

Atividade didática: utilizando a técnica de metáfora narrativa, os participantes irão recontar sua história na versão conto de fadas.

Parte 4. Metáfora narrativa: Meu era uma vez.

Parte 5. A hora da troca: para que todos vivenciem a experiência e tragam novo significado à sua história é importante voltar à parte dois, conexão com sua história e que refaçam os passos em dupla.

Parte 6. Finalização: o facilitador pede aos participantes que desejarem que façam um breve relato sobre a experiência e digam como se sentem e como é olhar novamente para a sua própria história nessa nova versão. Após, finaliza-se com uma salva à frase de abertura do capítulo e abraços entre os participantes.

Parte 1– Introdução

Para que os participantes se entreguem sem resistência à vivência, é importante criar um clima lúdico e envolvente, ao mesmo tempo de confiança, entrega e respeito.

Para isso, é importante preparar o ambiente onde será realizada a oficina, colocando tecidos coloridos, tapetes e objetos que remetam aos contos de fadas, como lâmpadas mágicas, personagens e tudo o que possa criar um ambiente propício. Pode-se utilizar figuras impressas desses objetos espalhados pelo ambiente. Coloque também uma música que remeta ao clima dos contos de fadas. Se o facilitador se sentir à vontade, pode usar um figurino ou fantasia de personagens de contos de fadas.

Pergunte aos participantes se possuem algum conto de fadas ou personagem que seja especial e que tenha marcado sua infância de alguma forma. Peça então que se apresentem dizendo uma característica em comum com algum personagem dos contos, que possuem ou que gostariam de ter (Ex: sou fulana, sou escritora, e às vezes gostaria de me trancar na torre como a Rapunzel para não ser interrompida enquanto escrevo... Sou beltrano e gosto de ajudar as pessoas como os heróis das histórias...).

Fale brevemente sobre a importância das histórias:

As histórias fazem parte da vida do ser humano desde a ancestralidade, quando desenhávamos nas cavernas para transmitir conhecimento. Elas são capazes de acessar nosso mundo interno e nos fazem experimentar os sentimentos por meio da vivência dos personagens. Com isso, fazemos um exercício de empatia que é a capacidade de nos colocarmos no lugar do outro. Por isso gostamos tanto de histórias: elas fazem parte da nossa vida.

E então convide: vamos contar uma história?

Contos que Curam

Parte 2 – Conexão com sua história

É muito importante no processo terapêutico que haja um momento de identificação e enfrentamento daquilo que nos causa tristeza ou dor. A tendência natural é evitar falar sobre o assunto ou mesmo ignorar e fechar-se. Mas tudo o que nos incomoda uma hora encontrará um meio, uma maneira para se mostrar. Seja por meio de lágrimas, agressividade ou mesmo uma doença. Por isso, é necessário criar um ambiente e momentos em que seja possível olhar para o que causa desconforto na nossa vivência e enfrentar, na busca de começar o processo de cura.

Para iniciar a vivência de forma leve, peça que o grupo eleja dois personagens de contos de fadas (Ex: Bela e Fera, Pinóquio e Gepeto, Chapeuzinho e Lobo Mau, Ana e Elsa...). Faça esta etapa de forma divertida para iniciar a dinâmica com o envolvimento do grupo com abertura, participação e alegria.

Após, os participantes se dividirão em duplas e escolherão seus personagens.

Então explique que cada um dos participantes deverá refletir por um instante e escolher uma história real que vivenciou e que de alguma forma deixou marcas em sua vida. Não é preciso dizer por enquanto, apenas lembrar e pensar sobre essa situação. Ao seu comando, um dos integrantes/personagens da dupla deverá permanecer em silêncio total, enquanto o outro irá relatar a história real escolhida por ele nos máximos detalhes, descrevendo pessoas, lugares, cores, cheiros, sensações e sentimentos dos quais se recorda.

Coloque uma música suave e, se possível, diminua a iluminação para criar um clima de intimidade e de confiança. Para finalizar, diminua o volume da música e peça que nesse momento o grupo fique em silêncio, em respeito às histórias compartilhadas.

Parte 3 – O conto

Às vezes é difícil e mesmo doloroso olhar para alguns fatos da própria história e encarar circunstâncias que não compreendemos e que não podemos alterar ou mudar. Mas podemos transformar a maneira como olhamos para o que nos aconteceu. Quando buscamos construir um novo olhar, criamos uma forma de aceitar e valorizar aquilo que nos construiu e nos trouxe onde estamos, aqui e agora.

Neste conto, a autora usou elementos simbólicos, tanto para ela própria, quanto presentes no imaginário e no inconsciente coletivo, como nos diz Carl Jung, tão comuns no encantamento dos contos de fadas, para representar sua própria vivência.

3.1. Conto: A princesa adormecida – Meu era uma vez
Parte 4 – Metáfora narrativa – Meu era uma vez

1. Comece com uma mensagem para levar à reflexão, como o texto sugerido a seguir:
Cada um de nós tem suas vivências e suas histórias. Isso nos faz únicos. E nós também temos o poder de escrever a nossa própria história e escolher como queremos vivê-la. Por mais que os fatos da vida possam parecer sem controle, a forma como decidimos viver e olhar para os acontecimentos é decisiva na nossa jornada. E nós também podemos interferir na jornada de quem nos cerca. E quando fazemos isso de forma consciente e amorosa, somos capazes de dar um novo significado à vida de quem nos cerca. E é isso que vamos fazer agora.
2. Peça aos participantes para retomar as duplas, que fiquem de frente uns para os outros (de pé ou sentados).
3. Explique a atividade:
Um de vocês da dupla ouviu uma história real, marcante e importante do seu colega. Ele confiou a você um verdadeiro tesouro, e entregou a você uma parte da sua vida. Chegou a hora de retribuir com generosidade e ajudar a dar um novo significado a essa história. Você deve recontar a história que você ouviu na versão Era uma vez, como o conto que vocês ouviram. Para isso, vocês terão o tempo de uma música.
4. Para ajudar na construção da narrativa, distribua papéis contendo palavras e exemplos de histórias para servirem de inspiração.
5. Coloque então uma música suave e, se possível, diminua a iluminação para criar um clima de intimidade e de confiança.
6. Diminua a música e aumente a iluminação, faça uma pequena pausa e convide os participantes a se abraçarem em agradecimento à nova história que foi contada.

Parte 5 – A hora da troca

Explique que nessa fase as duplas serão mantidas, porém deverão trocar os papéis:
Aquele que primeiro contou sua história real será o ouvinte nessa etapa.
Repita as instruções e a condução da parte dois e depois as instruções e vivência da parte quatro: metáfora narrativa.

Parte 6 – Finalização

Nessa parte pode-se deixar em aberto, livre para uma conversa sobre as percepções, *insights* e aprendizados individuais e coletivos.

Contos que Curam

Pode-se ainda "traduzir" o conto *A princesa adormecida* para os participantes, revelando a conexão da autora com a história real conforme a seguir:

A história real que deu origem ao conto *A princesa adormecida* é sobre o luto de uma mãe que perdeu a primeira filha ainda no ventre. Ela e o marido se apaixonaram intensamente, casaram-se e foram morar em um prédio de apartamentos em um bairro da cidade de Belo Horizonte, chamado Castelo. Eles sempre foram muito amigáveis e receptivos aos amigos e viviam muito felizes. Engravidaram e estavam extasiados com a chegada da primeira filha, Alice. Então, no final da gravidez, com 39 semanas, a Alice morreu, na barriga da mãe. O mundo do casal desabou, a esposa entrou em profunda depressão por muitos meses. Até que um dia, de tanto amor que recebeu de sua família e em especial de seu amado esposo, ela decidiu voltar a viver e aos poucos foi recuperando seu brilho e refazendo sua vida. Tempos depois, engravidaram novamente e tiveram a Giovanna, que trouxe toda luz e a alegria de volta para a família. Eles seguem vivendo novas histórias todos os dias, acreditando que é possível, apesar de algumas tristezas e percalços da jornada, viver feliz para sempre.

Perguntar: agora vocês conseguem identificar os símbolos no conto *A princesa adormecida – Meu era uma vez*?

> "Toda dor pode ser suportada se sobre ela puder ser contada uma história."
> **Hannah Arendt**

Contos que curam

CAPÍTULO 16

Oficina Desatando os nós em nós

Esta oficina tem como objetivo inspirar os casais a refletir a respeito das dificuldades enfrentadas no dia a dia de um casamento e os problemas que vivenciam, e ainda resgatar o amor, sentimento que os uniu inicialmente, e o companheirismo, que é o querer caminhar lado a lado com o outro querendo o bem do companheiro.

Ananda Sette

Contos que Curam

Ananda Sette

Mãe da Rosa, da Lira e da Aurora, sua missão primordial. Graduada em Belas-Artes e Estilismo na UFMG e pós-graduada em Design de Moda pelo Senai CETIQT, fez diversos cursos na área de artes plásticas, teatro, circo, dança e moda. Criou as marcas de roupas Botões e Botõeszinhos, atuantes no mercado desde 1998. Criou figurinos para a Cia. de Dança do Palácio das Artes, Cia. Sala B, Escola de Dança do Corpo e Coração Palpita, entre outros grupos musicais, teatrais e de dança desde 1998. Recebeu o prêmio Sinparc de melhor figurino de dança em 2009, com trabalho realizado para a Camaleão Cia. de Dança. Começou a dar aulas de modelagem e costura em seu ateliê para adultos e crianças, pois descobriu que essa é a missão que está em seu DNA e no de suas ancestrais. Inspirando mulheres a se reconectarem com os fazeres manuais e as crianças a se desenvolverem de maneira mais integral por meio da costura, vem incluindo contos e dinâmicas curativas nesses processos.

Contatos
setteananda@gmail.com
Instagram: Ananda Sette Ateliê
Facebook: Ananda Sette Ateliê
YouTube: Ananda Sette

Ananda Sette

Conto
O FIO E A AGULHA
Por Ananda Sette

> "O que a gente tem de aprender é, a cada instante, afinar-se como uma linhazinha, para caber passar no furo de agulha, que cada momento exige."
> **Guimarães Rosa**

Agulha e Fio, sempre companheiros, viviam em harmonia. Quando não estavam realizando bordados bem caprichados cumprindo cada um seu propósito, repousavam na caixa de costura lado a lado, aproveitando juntos o tempo de descanso.

Muito raramente, a Agulha puxava demais a linha e o ponto enrugava. Às vezes, Fio, emaranhado em seus próprios pensamentos, se distraía da agulha e dava um nó, impedindo-a de seguir em frente com seu trabalho. Quando essas desavenças aconteciam, o avesso do bordado ficava todo embolado e era preciso uma pausa para a conversa. Desfazer os nós era preciso antes de continuar.

Mas chegou o dia em que Fio e Agulha não conseguiam mais se entender. A Agulha, certeira, só pensava em seguir o seu caminho, fincando e cosendo num ritmo apressado, seguindo seu trabalho sem descanso, resmungando pelo caminho: "O Fio não consegue seguir meu ritmo! Perde tempo com detalhes e atrapalha o meu trabalho!" E resmungando continuava seu bordado com avesso embolado, ponto enrugado, e não queria saber de pausa para conversa. E Fio retrucava: "Você, Agulha, não sabe o que é beleza! Sou eu, o Fio quem deixa esse bordado belo!", "Se não fosse por mim, esse bordado nem existiria!", respondia a Agulha.

O amigo Dedal aconselhou: "Meus caros, que briga sem sentido. De que serve uma agulha sem um fio de linha? Para que serve um fio solto, por mais lindo que seja?" Mas de nada adiantou.

Assim, passaram dias e noites, um atacando o outro sem parar. E, por fim, chegou o dia em que quiseram se separar. Agulha se mudou para o agulheiro do outro lado da mesa e Fio permaneceu jogado na caixa de costura... A cena era triste.

Contos que Curam

Haviam se esquecido do namoro de anos antes. Haviam se esquecido do tempo em que escolhiam juntos os mais lindos tecidos e riscos que iriam tecer. Preocupados consigo mesmos e com seus resultados, se esqueceram do caminho que já haviam percorrido juntos e que ainda poderiam percorrer. Esqueceram-se do *richelieu* requintado que haviam feito para a avozinha, do devorê montanhoso todo rebordado e até mesmo da aventura que foi a fantasia de cetim barato cheia de tules e fitas de tafetá.

O tempo passou e nem um nem outro trabalho algum continuou...

A Agulha emburrada, parada naquele agulheiro, como se nada mais no mundo fosse acontecer, só via o tempo passar e continuava a resmungar. Mas de repente se assustou quando viu cair na mesa um botão vermelho, grande e reluzente que rolou até cair na caixa de costura fora de seu campo de visão, bem ao lado de Fio, desmilinguido e amuado. E, como num passe de mágica, ambos, Fio e Agulha, tiveram a mesma ideia! Lembraram-se das aventuras de outrora e resolveram buscar novos companheiros para a jornada de costurar o lindo botão vermelho de volta ao seu lugar.

Encontraram novos pares e tentaram novas parcerias, sempre em busca de algo raro e diferente. Fio tentou convencer Agulha de Ouro a ir com ele para a aventura, mas ela desconversou e de nariz empinado falou que só costurava botões de madrepérola. Agulha procurou o jovem Fio de Meada para a empreitada, mas este só queria saber de matizes e pontos livres. Nada afeito a compromissos.

Foi então que, como quem não quer nada, botão vermelho, cansado de esperar para voltar ao seu lugar, marcou um encontro às cegas de Agulha e Fio.

Fio foi ao alfaiate para se encerar. Agulha se poliu e reluzia como nunca para a bela noite. Dirigiram-se, um sem saber do outro, ao local marcado, embaixo da tampa entreaberta da caixa de costura. Fio chegou primeiro e, sob a penumbra, aguardava e observava. Quando uma luz fina adentrou o recinto, passaram-se alguns segundos até que ele percebesse quem é que ali entrava. Reconheceu Agulha, embora notasse nela um brilho novo. Agulha logo o viu também, mas ficou paralisada. Fio se aproximou de Agulha e parou quando viu que aquele brilho dava lugar a uma imagem diferente. Ele agora se via refletido na Agulha. Agulha e Fio se fundiam em uma só imagem.

Oficina – Desatando os nós em nós

Objetivo: esta oficina tem como finalidade inspirar casais e fazer com que reflitam a respeito das dificuldades enfrentadas no dia a dia de um casamento e os problemas que vivenciam, sendo comum queixas como falta de respeito pelo espaço pessoal um do outro, falta de diálogo e o egoísmo de pensar só em si mesmo e não na família.

Além disso, a oficina busca resgatar o amor, sentimento que os uniu inicialmente, e o companheirismo, que é o querer caminhar lado a lado com o outro querendo o bem do companheiro.

A oficina está dividida em quatro partes

Parte 1. Introdução: conexão dos facilitadores com os participantes. Sugere-se que seja um casal de facilitadores para conduzir a atividade de maneira mais coerente com a proposta. Para isso, o casal de facilitadores irá se apresentar e posteriormente os outros participantes também o farão, conforme orientação descrita na introdução.

Parte 2. Conto: o "O Fio e a Agulha" foi criado especialmente para esta oficina e possui elementos simbólicos que serão explicados adiante.

Parte 3. Atividade bordando juntos: o casal irá fazer um desenho inspirado nas memórias boas do início do relacionamento e depois um bordado desse desenho. Porém, um guiará o outro, somente com palavras, para fazer o desenho e, invertendo os papéis, um irá dizer ao outro como bordar.

Obs.: como somente um fará o desenho e o outro fará o bordado, sugere-se que o homem faça o bordado, pois em geral, os homens têm menos coordenação motora fina para trabalhos manuais.

Entretanto, dependendo do contexto, pode ser feita uma seleção antes de iniciar a atividade utilizando perguntas como:
— Quem se considera a Agulha?
— Quem se considera o Fio?

Quem escolher ser o Fio irá bordar e quem escolher ser Agulha irá desenhar.

Parte 4. Conclusão: os facilitadores pedirão que cada pessoa faça uma pequena manifestação, estilo votos matrimoniais, para seu companheiro(a). Pode ser escrita ou somente falada. E depois todos poderão compartilhar o que viveram durante a dinâmica.

Parte 1 – Introdução

Para que o casal facilitador gere uma conexão com os participantes e abra caminho para que, de maneira descontraída, eles possam pensar e até mesmo falar a respeito de suas dificuldades na vida de casado, é feita a apresentação inicial da maneira relatada a seguir.

Com o grupo sentado em círculo, os integrantes de cada casal são convidados pelos facilitadores a se apresentar. Porém, cada participante fará sua apresentação como se fosse seu companheiro. Ou seja, o marido se apresenta como se ele fosse a esposa e vice-versa. Pedir para falarem nome, idade, profissão, filhos e o que mais julgarem importante com base nas perguntas que serão feitas a eles.

Contos que Curam

O casal de facilitadores primeiro faz a dinâmica de apresentação entre si, para criar empatia com o público. Procurando trazer as inspirações e características difíceis do outro de maneira bem-humorada.

Por exemplo, a esposa fala: "Meu nome é João, tenho 38 anos, sou casado com a Ana e temos três filhas. Sou músico e professor. Trabalho muito em casa e também, por isso, fico muito com as crianças. As minhas próprias ideias me inspiram diariamente, adoro falar delas. A Ana tem um jeito meio bravo, às vezes chega em casa cuspindo marimbondo! Quando está assim, ela só vê o que está ruim e não enxerga as coisas boas".

Depois, o marido fala: "Meu nome é Ana, tenho 37 anos, sou casada com o João e temos três filhas. Sou professora e gosto muito do meu trabalho. A criatividade me inspira a seguir em frente todos os dias. Adoro dormir meia horinha a mais a cada vez que o despertador toca. O João me deixa extremamente irritada quando não se lembra do que eu acabei de falar com ele".

Depois da apresentação do casal facilitador, fazer as seguintes perguntas:

1. O que inspira seu companheiro? Ao fazer a pergunta, dar um cartão perfumado para os participantes cheirarem usando essa metáfora sensorial para despertar a consciência. Explicar que a inspiração é o "perfume" da vida. Caso exista algum participante que tenha alergia a perfume, mostrar uma gravura de algum quadro famoso que seja muito lindo e desperte essa sensação de inspiração.

2. O que você faz que gera desarmonia na relação? Dar uma pedra pesada para eles carregarem e perguntar se eles carregariam essa pedra por muito tempo, se é desconfortável. A metáfora traz a conexão com a ideia de desconforto. Explicar que podemos fazer coisas que são como pedras pesadas para o companheiro. Talvez ele não esteja conseguindo "carregar" aquilo.

3. Como você faz seu companheiro rir?
4. Que tal cada um se apresentar como se fosse o companheiro?

Parte 2 – Conto

"O Fio e a Agulha" é um conto sobre a vida de um casal, os altos e baixos que existem num relacionamento e a renovação que pode ocorrer de tempos em tempos, se ambos se permitirem.

Fio e Agulha representam o homem e a mulher no casal. Cada um com seu propósito na vida e na relação. Independentemente do trabalho ou do papel que desempenhe dentro de casa, cada um é um indivíduo que, nessa parceria, escolhida por eles mesmos, precisa do outro para seguir em harmonia.

Os nós e rugas do tecido representam as dificuldades que todo casal está sujeito a enfrentar. E quando passa muito tempo sem esclarecer por meio do diálogo e da conversa, surgem os "avessos embolados". Quem vê de fora pode até não enxergar o "avesso" da relação, que nesse ponto está muito desgastada. Cada um, ao pensar só em si mesmo, não vê a necessidade do outro. No conto, Agulha costura num ritmo frenético sem pensar na necessidade de Fio de fazer "pontos mais delicados". Sem pensar no crescimento dos dois como casal, vai fazendo o que lhe convém, deixando "bololôs" e "nós" pelo caminho.

Um joga no outro a responsabilidade de a relação estar ruim, só vendo o lado negativo do outro.

Simbolicamente, o dedal, instrumento utilizado para a proteção dos dedos no bordado, aparece como conselheiro, um mentor, mostrando para o casal que um sem o outro não edifica coisa alguma.

Após a separação, há uma fase de solidão, saudosismo e lembrança dos bons momentos vividos juntos. É quando cada um tenta encontrar um novo companheiro, mas enfrenta a realidade de que todos temos defeitos. Fio achou que Agulha de Ouro, simbolizando a beleza e juventude, seria boa companhia, mas ela, esnobe, desdenhou o convite. Agulha convidou Fio de Meada para a aventura, mas ele, como gostava de pontos livres, não quis saber de compromissos (analogia com o ponto livre do bordado que é feito em geral com fio de meada).

O conto ainda traz o personagem Botão Vermelho, que simboliza um alerta, trazendo as lembranças do que o casal havia vivido de bom no começo do relacionamento. Esse alerta pode ser um chamado para querer conhecer novas pessoas, mas pode ser um chamado para a renovação, como foi ao final do conto. Afinal, foi ele que marcou o "encontro às cegas" de Fio e Agulha.

A metáfora final de Fio se vendo no reflexo de Agulha, como se ela fosse um espelho para ele, fundindo os dois em um só, nos leva a pensar sobre o verdadeiro significado do casamento, no qual a união de duas pessoas que mesmo tendo cada uma sua individualidade, formam juntas uma unidade, o casal.

Parte 3 – Atividade bordando juntos

O facilitador irá pedir para "a agulha" do casal fazer um desenho que represente as boas memórias (fato inusitado ou divertido), seguindo as diretrizes que "o fio" der. Ou seja, "a agulha" fará um desenho dirigido pelo marido.

Em seguida, esse desenho será passado com papel carbono para um tecido no bastidor, onde "o fio" irá bordar com as diretrizes da "agulha". Ela escolherá a cor da linha, explicará como colocá-la na agulha, como dar o nó e o arremate. E auxiliará, sempre que necessário, apenas dando instruções faladas, a desfazer os pontos malfeitos, rugas e nós.

Contos que Curam

A ideia dessa atividade não é fazer um bordado perfeito, por isso não é necessário ensinar técnicas de bordado. A essência da atividade é fazer com que o casal relembre bons momentos e entenda que, para seguir junto, é preciso que haja diálogo. Muitas vezes, o diálogo precisa de tempo, paciência e carinho, mas assim é possível caminhar junto com mais harmonia.

Obs.: como somente um fará o desenho e o outro fará o bordado, sugere-se que o homem faça o bordado, pois, em geral, os homens têm menos coordenação motora fina para trabalhos manuais.

Entretanto, dependendo do contexto, pode ser feita uma seleção antes de iniciar a atividade utilizando perguntas como:

— Quem se considera a agulha?
— Quem se considera o fio?

Quem escolher ser o fio irá bordar e quem escolher ser agulha irá desenhar.

Parte 4 – Conclusão

Os facilitadores pedirão que cada pessoa faça uma pequena manifestação, estilo votos matrimoniais, para seu companheiro(a). Pode ser escrita ou somente falada.

Pode-se utilizar a seguinte estrutura:

"Querido(a) nome, você é o meu melhor amigo (minha melhor amiga), a admiro por ser _____. Grato(a) por estar ao meu lado todos os dias. Que possamos fazer_____".

E depois todos poderão compartilhar o que viveram durante a dinâmica.

Referências

ALMEIDA, Karin Evelyn de. *Minha querida boneca: uma orientação para pais, professores e educadores segundo a Ciência Espiritual* / Karin Evelyn de Almeida; tradução Franz Rotermund; ilustrações Susanne Neubert. 3. ed. rev. Campinas, SP: Associação Beneficente Três Fontes, 2012.

BABA, Sri Prem. *Propósito: a coragem de ser quem somos*. Rio de Janeiro: Sextante, 2016.

BERNARDES, Claudine. *Contoexpressão: educação emocional e terapia através de contos. Uma aproximação à técnica*. Instituto Iase, plataforma do curso da Epsihum, 2018.

ORTEGA, Neli. *O fio do trabalho manual na tessitura do pensar, sentir e agir humanos: e seus princípios no Ensino Waldorf do 1º ao 5º ano*. São Paulo, 2017.

PERROW, Susan. *Histórias curativas para comportamentos desafiadores* / Susan perrow; tradução Joana Maura Falavina. 2. ed. São Paulo: Antroposófica: Federação de Escolas Waldorf no Brasil, 2013.

RICON, Luiz Eduardo. *A Jornada do herói mitologico*. II Simpósio RPG e Educação.

Contos que curam

Capítulo 17

Oficina
As máscaras da incoerência
A coerência entre o pensar e o sentir, o falar e o agir

Esta oficina tem como objetivo encorajar a escolha de ser coerente, autêntico e íntegro no dia a dia, promovendo a conexão entre o pensar e o sentir, o falar e o agir na hora de se expressar.

Anna Paula Isernhagen Rosseto

Contos que Curam

Anna Paula Isernhagen Rosseto

Bacharel em Administração e Especialista em Contação de Histórias e Musicalização Infantil, é mãe de dois meninos e encontrou nos contos e histórias a possibilidade de ampliar seu consciente e resolver seus conflitos biológicos, emocionais e pessoais. *Personal and self coach*, reprogramadora biológica, contadora de histórias e facilitadora de Comunicação Não Violenta com habilidades em Contoexpressão, hoje trabalha como Contoterapeuta, criando histórias curativas para reprogramar momentos desafiadores.

Contatos
www.contoterapia.com.br
anna@contoterapia.com.br
+55 (45) 99929-1587

Anna Paula Isernhagen Rosseto

Conto
O GRANDE FAROL
Por Anna Paula Isernhagen Rosseto

"Não coma açúcar."
Mahatma Gandhi

Diziam que, muito tempo atrás, todos aqueles que nasciam em Arcádia logo entravam na Grande Busca da Vida para saber qual seria seu propósito na existência. Essa jornada, que a princípio era feita com inocência e confiança, logo se tornava desafiadora, pois quanto mais tempo se passava naquela terra, mais os pensamentos e sentimentos das pessoas formavam uma máscara em seus rostos que, eventualmente, precisaria ser retirada.

Aglia, assim como todos no lugar, sabia que o farol de Arcádia alinhava suas três partes a cada 91 luas e que a única passagem possível para continuar seguindo na Grande Busca da Vida era quando todas elas estavam alinhadas. Porém, quem quisesse passar pelo portal precisaria retirar a máscara. Quem não conseguia removê-la não passava, precisando esperar o próximo alinhamento.

O dia do alinhamento estava chegando e várias das pessoas dispostas a seguir suas jornadas se encaminhavam para onde se iniciava o caminho até o farol. Como sua localização era secreta, era preciso resolver enigmas sobre si mesmo no decorrer de quatro dias para chegar lá. A cada amanhecer, os viajantes recebiam a visita de uma bela e majestosa coruja, que trazia as mais variadas perguntas, sobre valores, atitudes, expressão e convívio social. Quem conseguisse resolver os enigmas no decorrer do dia recebia a direção que deveria percorrer para chegar até o local de descanso à noite.

Vários Buscadores da Vida não conseguiam resolver todos os quatro enigmas e ficavam pelo caminho, atrasados demais para chegar a tempo de passar pelo portal. Muitas vezes, quem conseguia resolver o enigma também se amedrontava com o desconhecido e não era capaz de retirar a máscara, ficando para tentar novamente no próximo alinhamento.

Contos que Curam

No quarto dia, Aglia estava confiante, pois tinha conseguido decifrar todos os enigmas dos dias anteriores. Agora, com a direção final em suas mãos, ela tomava coragem para percorrer os últimos metros e, por fim, poder ver pessoalmente o famoso farol de três partes de Arcádia.

A visão que ela teve do enorme e poderoso farol era de tirar o fôlego. A lua cheia refletia o brilhante portal que já se abria na base do farol, e Aglia começou a correr em direção à abertura. Enquanto aguardava sua vez, uma certa apreensão sobre como seria sua nova vida tomou conta do seu ser, mas ela seguiu confiante de que conseguiria atravessar o portal. Quando chegou sua vez, respirou profundamente e deu um passo à frente, sendo impedida por uma barreira invisível que não permitia sua passagem. Surpresa, tentou novamente e, mais uma vez, foi barrada. Enquanto isso, o restante das pessoas ia passando pelo portal. Desespero e vergonha tomavam conta de Aglia, que via sua oportunidade escapando aos poucos.

Quando a última pessoa passou, Aglia tentou de novo, para mais uma vez ser impedida, vendo o portal se fechar totalmente. Foi caindo de joelhos no chão, com lágrimas de frustração escorrendo pela face e, ao levar as mãos ao rosto, sentiu a máscara no lugar de sempre. Gemeu sentida, pois jurava que a máscara havia saído de seu rosto. Afinal, ela havia conseguido resolver todos os enigmas! Desanimada, levantou e voltou para casa, resignada a esperar pelo próximo alinhamento.

As luas passaram e durante todo esse tempo Aglia se observou e passou a se conhecer melhor. Não foi fácil perceber que, mesmo sabendo responder aos quatro enigmas, na verdade o que não teve foi a coragem necessária para fazer a escolha de retirar a máscara. E assim, quando o dia do alinhamento chegou, ela se lançou novamente na jornada para a abertura do portal no farol de Arcádia. Agora, enquanto aguardava sua vez, percebeu que estava confiante em si mesma e, no momento em que se viu de frente para o portal, pensou: "Embora seja difícil, eu escolho retirar a máscara que me impede de ser coerente. Sou corajosa e me comprometo a expressar a minha verdade", dando o passo final para dentro do farol.

O que cada um sente no portal somente quem passa por ele sabe contar. No entanto, existe algo que todos sabem dizer: com o farol alinhado, quem está dentro consequentemente se alinha também, como se conseguisse pensar e sentir, falar e agir em harmonia. Sabe-se que Aglia descobriu seu propósito na Grande Busca da Vida, entendendo quando precisava da coragem para fazer as escolhas no dia a dia. Hoje, ela vive feliz e realizada, ajudando aqueles que se lançam nessa jornada.

Oficina "As máscaras da incoerência"

Objetivo: esta oficina tem como finalidade encorajar a escolha de ser coerente, autêntico e íntegro no dia a dia, promovendo a conexão entre o pensar e sentir, o falar e o agir na hora de se expressar. A autenticidade está diretamente ligada à coragem que a pessoa possui de expressar sua opinião, e a coerência vem da quantidade de vezes que escolhemos algo, embora seja desafiador sustentar certas escolhas em um mundo com tantas demandas. Nesse cenário, é interessante observar como percebemos o alinhamento que deveria existir entre nosso eu interior e exterior e a interação social. Com a finalidade de trabalharmos esse alinhamento, iremos utilizar o conto "O grande farol", escrito por Anna Rossetto, em que serão apresentados elementos simbólicos que servirão de semente para despertar nossa coragem de escolher retirar as máscaras que nos impedem de expressar nossa autenticidade. Após perguntas sobre o conto para interiorização da mensagem, trabalharemos uma metáfora sensorial simbólica chamada "Tirando a Máscara", que irá desenvolver ainda mais a mensagem que desejamos nutrir.

A oficina está dividida em quatro partes

Parte 1. Introdução: vamos começar solicitando que os participantes se acomodem em círculo e se apresentem usando uma máscara previamente oferecida pelo facilitador, compartilhando o que os leva a fazer a oficina. Depois das apresentações, validaremos se todos compreendem os significados das palavras farol, alinhamento, coerência, enigma e máscaras antes de apresentar o conto "O grande farol".

Parte 2. Conto: criado para esta oficina de forma que pudéssemos ampliar a consciência sobre nosso nível de coerência, de autenticidade e, consequentemente, integridade em nossas relações. Os elementos simbólicos encontrados na história serão explicados adiante.

Parte 3. Atividade didática "Tirando a máscara": aqui faremos perguntas referentes aos enigmas encontrados no conto e, movidos por essa introspecção, os participantes irão confeccionar suas máscaras com as palavras que descrevem aquilo que os impede de sustentar sua coerência com mais frequência no dia a dia. Depois de confeccionada, voltaremos para o círculo e compartilharemos o porquê escolhemos tais palavras, falando uma frase motivadora e positiva ao mesmo tempo em que retiramos nossas máscaras.

Parte 4. Finalização: para encerrar, faremos uma análise grupal da oficina, onde os participantes podem dizer como se sentiram com a atividade. Acesse o material complementar disponibilizado no anexo do livro.

Parte 1 – Introdução

Orientamos para que todos se sentem em círculo de forma que possamos ver claramente uns aos outros. Iniciamos nossa apresentação mostrando uma bela máscara, que pode ser confeccionada ou comprada pronta, orientando que as apresentações sejam feitas com a máscara no rosto. Falamos nossos nomes e o que nos motiva a fazer esta oficina e passamos a máscara para a próxima pessoa ao lado até que todos tenham feito a apresentação com ela na face.

Para a próxima parte da oficina, perguntaremos se todos estão familiarizados com os termos que serão apresentados no conto – farol, enigma, máscaras, alinhamento e jornada da vida – para então contarmos a história "O grande farol".

Parte 2 – Conto: O grande farol

2.1. O conto – explicação

O Farol de três partes representa a pessoa neste conto. As 91 luas representam os setênios mencionados na antropologia como o período de desenvolvimento do homem. Podemos nos apoiar na numerologia para entender que os quatro dias para resolução dos enigmas demonstram a manifestação do lado racional, da praticidade e objetividade. Eles são trazidos pela coruja, que simboliza a sabedoria. Os enigmas são todas aquelas coisas que não sabemos responder, nosso quebra-cabeça interno, nossa esfinge, aquilo que quando não resolvo me devora. Para sustentarmos nossa coerência, precisamos saber se estamos alinhados e, para fazer a escolha de tirar a máscara, que esconde nossa verdade dos outros, precisamos de coragem, por mais que nos conheçamos. A coragem na escala das frequências das emoções fica justamente no meio, ela é o ponto de virada entre as emoções que nos possibilitam entrar em ação. A máscara representa nossa *persona*, aquela parte de nós que foi moldada e age para o convívio, e a aceitação social são os personagens que representamos no nosso dia a dia. O portal se abrindo significa que podemos viver novas experiências quando estamos verdadeiramente alinhados conosco mesmos, escolhendo retirar nossas máscaras. Caso contrário, pensamos e sentimos uma coisa, falamos outra e agimos de acordo com outra, sem potência de vida, nem congruência para sustentar nossos objetivos e sonhos.

Parte 3 – Atividade didática "Tirando a máscara"

• Começaremos essa atividade perguntando para todos quais são as coisas que nos impedem de expressar nossa autenticidade, tais como medo, vergonha, culpa, julgamentos, e o que mais for levantado, anotando todas as palavras em um quadro ou *flipchart*.

- Depois de anotar as palavras, faremos quatro perguntas para conduzir os participantes a um estado de autorreflexão, sem que eles tenham de responder para o grupo, referente aos quatro dias de enigmas do conto: "Quais são os pensamentos que estruturam minha vida?" — "Minhas atitudes e comportamentos sustentam esses pensamentos?" — "No meu círculo de convivência próximo, tenho espaço para me expressar?" — "Como sou recebido socialmente quando expresso minha verdade?". E, para finalizar os enigmas e iniciar a atividade, pergunte: "O que me impede de sustentar minha coerência?". Podemos anotar essas perguntas no quadro se desejarmos.
- Agora que estão todos nesse espaço de introspecção buscando responder à pergunta final, confeccionaremos uma máscara em papel cartão (ou cartolina, EVA etc.), em que colaremos papéis coloridos (o que houver disponível – crepom, sulfite, alumínio, seda etc.), previamente cortados no tamanho 5 cm x 5 cm (aproximadamente) escrevendo as palavras ou frases que respondam a suas questões. Aqui, o participante pode ficar livre para escrever o que mais acreditar que impede de sustentar sua coerência.
- Com tudo pronto, voltamos ao nosso círculo e, usando a máscara, explicaremos para os outros participantes o que nos motivou a escolher as palavras que escolhemos. Depois, repetiremos a seguinte frase que estará no quadro ou *flipchart* — "Embora seja difícil, eu escolho retirar a máscara que me impede de ser coerente e me comprometo a expressar a minha verdade".
- Caso o participante não se sinta confortável em fazê-lo por qualquer motivo na frente do grupo, respeitamos seu momento e sugerimos que faça em casa, sozinho, na frente do espelho.

Parte 4 – Finalização

Aqui, é importante abrir espaço para as pessoas falarem como se sentiram no decorrer da oficina. Poder saber o que a outra pessoa sentiu, seus medos, seus receios, suas dificuldades, é um passo importante para a conexão e a empatia. A experiência do outro pode também funcionar como espelho para aquelas coisas que temos dificuldade ou medo de reconhecer em nós mesmos. Solicitamos que a pessoa resuma em uma palavra o que esta oficina significou para ela e finalizamos contando uma breve história de Gandhi.

Contos que Curam

Uma mãe levou seu filho ao Mahatma Gandhi e implorou: "Por favor, Mahatma, peça ao meu filho para não comer açúcar". Gandhi, depois de uma pausa, pediu: "Traga-me seu filho daqui a duas semanas". Duas semanas depois, ela voltou com o filho. Gandhi olhou bem fundo nos olhos do garoto e disse: "Não coma açúcar". Agradecida – mas perplexa –, a mulher perguntou: "Por que me pediu duas semanas? Podia ter dito a mesma coisa antes!" E Gandhi respondeu: "Há duas semanas eu estava comendo açúcar".

Contos que curam

CAPÍTULO 18

Oficina Asas da fênix

Esta oficina tem como objetivo inspirar mulheres e fazer com que elas reflitam sobre as dificuldades enfrentadas no dia a dia e sobre suas causas. A oficina busca resgatar o amor-próprio e a resiliência.

Danielle Bruno Ribeiro

Contos que Curam

Danielle Bruno Ribeiro

Natural do Rio de Janeiro, filha de José Gilberto e Leila, desde muito pequena demonstrava uma curiosidade aguçada por histórias. Mãe da Raquel e da Letícia, sua melhor, mais prazerosa e difícil missão. Casada com Ricardo que lhe trouxe de presente Léo e Bia, seus enteados. A família é o seu maior valor. *Kidcoach* pelo Instituto de Coaching Infanto Juvenil (ICIJ); graduada em psicologia pela Universidade Veiga de Almeida; palestrante e treinadora em escolas para pais e educadores; certificada pelo *Assessment* de avaliação comportamental *Profiler*; certificada por Lorraine Thomas, considerada a principal *coach* do Reino Unido em *Coaching* para Pais; facilitadora em *Mindfulness*; atuação em educação infantil por meio do método *Kidcoaching*; terapeuta sistêmica vivencial com enfoque em *Gestalt* Terapia (Bio desenvolvimento humano); mestranda em Contoexpressão pelo Instituto IASE (Espanha).

Contatos
psicoachdani@yahoo.com.br
@danielle_kidcoach

Danielle Bruno Ribeiro

Conto
O RECOMEÇO DA FÊNIX

> Nada lhe posso dar que já não exista em você mesmo. Não posso abrir-lhe outro mundo de imagens, além daquele que há em sua própria alma. Nada lhe posso dar a não ser a oportunidade, o impulso, a chave. Eu o ajudarei a tornar visível o seu próprio mundo, e isso é tudo.
> **Hermann Hesse**

Era uma vez uma velha fênix, que se sentia exausta e cansada por ter voado por uma longa estrada.
Ao finalzinho de uma tarde gostosa de outono, ela pousou num velho e amigo tronco de árvore, deu um profundo suspiro e observou detalhadamente tudo ao seu redor.

Ficou por ali durante horas e horas, refletindo. Lembrou-se das pedrinhas, pedras e pedregulhos que pelo caminho encontrou; das lágrimas que teve de enxugar; das noites sombrias e temerosas na floresta escura e obscura; dos temporais e vendavais que chegaram repentinamente sem avisar, tirando seu equilíbrio e fazendo com que seus voos perdessem o prumo; das flechadas cruéis dos caçadores, que ora passavam de raspão e em outras certeiras no coração; e do peso de um elefante que foi capaz de suportar...

Quando se deu conta, já era quase amanhecer e, antes que o dia chegasse, alçou voo para o topo de uma das mais belas árvores da floresta e ali começou a preparar seu ninho, com ramos perfumados e algumas especiarias. Afinal de contas, já havia passado por muita coisa e a exaustão não deixava espaço para mais nada, tudo o que ela enxergava era o seu fim.

Mas quando o dia amanheceu e os raios do sol começaram a refletir sobre o verde da floresta, fênix, do alto da árvore, em seu ninho, percebeu que a estrada não havia acabado, que apenas havia tomado um desvio. E nesse momento, ela se queimou e renasceu de suas próprias cinzas, fechou os olhos, abriu o peito, arrancou da alma toda a sua força e se equilibrou em si mesma. Rompeu todos os temores da bela e assustadora floresta. Atingiu grandes alturas.

Contos que Curam

Decorou sua alma e ornamentou sua estrada. Descortinou o infinito e se fortaleceu a cada renascer.

E só aqueles que não temiam queimar-se conseguiram conhecer seus encantos e segredos. A cada novo voo, uma nova descoberta. A magia estava em cair e sempre poder levantar, cada vez mais forte e mais dona de si, com a certeza de estar na direção certa.

Ela era o amanhecer. Sabia quando tinha de morrer, na certeza de que sempre iria renascer.

Oficina "Asas da fênix"

Objetivo: esta oficina tem como finalidade inspirar mulheres e fazer com que elas reflitam sobre as dificuldades enfrentadas no dia a dia e suas causas. A oficina busca resgatar o amor-próprio e a resiliência.

A oficina está dividida em quatro partes

Parte 1. Introdução: conectar as participantes com os termos utilizados no conto, por meio de perguntas.

Parte 2. Conto: criado exclusivamente para esta oficina e possui elementos simbólicos que serão explicados mais adiante.

Parte 3. A atividade didática "Asas da fênix": tem como objetivo conectar-se emocional e simbolicamente de forma sensorial com as participantes.

Parte 4. Final: encerraremos a atividade com a leitura de uma poesia (texto escrito por Cora Coralina com adaptação da autora), "As meninas e suas asas".

Material para realização da oficina:

- Uma caixa decorada contendo penas em quantidade igual ao número de participantes. As penas deverão estar distribuídas igualmente por cores distintas em quantidade igual à metade do número de participantes. Ex.: para um grupo de oito participantes, duas penas azuis, duas penas vermelhas, duas penas amarelas e duas penas verdes;
- Saquinhos de celofane contendo duas penas de cores distintas (uma vermelha e uma amarela), já preparados antes de a oficina começar. Os saquinhos deverão ser em quantidade igual ao número de participantes mais um para o facilitador;
- Cartolinas no tamanho de 30 cm de altura por 40 cm de largura, no centro delas deverá haver o contorno de um par de asas ocupando um espaço máximo de 10 cm de altura por 15 cm de largura em quantidade igual ao número de participantes;
- Penas naturais ou artificiais coloridas;

- Tachinhas coloridas;
- Lantejoulas;
- Objetos decorativos (fitas, purpurina etc.).

Parte 1 – Introdução

O facilitador se apresenta ao grupo.

Para que as participantes possam entender os conceitos utilizados no conto, o facilitador pergunta se elas sabem como é uma fênix e como é o processo de renascimento das cinzas.

O facilitador leva uma imagem dessa ave para que elas possam visualizar.

Com uma música de som apropriado ao fundo, o facilitador propõe às participantes deixarem-se guiar um pouco pelo ambiente. Músicas sugeridas: "Enquanto houver sol" –Titãs; "Tente outra vez" – Raul Seixas; "Mais uma vez" – Legião Urbana.

O facilitador traz a caixa decorada com as penas dentro e pede para que cada participante retire (na sorte) uma.

Parte 2 – Leitura do conto *O recomeço da fênix*

O facilitador deverá ler o conto, "O recomeço da fênix", o qual foi escrito pela autora, inspirando-se no mito da fênix. A fênix é um pássaro da mitologia grega que, quando morria, entrava em autocombustão e, passado algum tempo, ressurgia das próprias cinzas. Outra característica da fênix é sua força que lhe permite carregar cargas muito pesadas enquanto voa. Finalmente, pode transformar-se numa ave de fogo.

Teria penas brilhantes, douradas, vermelhas e roxas, e seria de tamanho igual ou maior do que uma águia. Ao final de cada ciclo de vida, a fênix emulava-se numa pira funerária. A longa vida da fênix e o seu dramático renascimento das próprias cinzas transformam-na em símbolo da imortalidade e do renascimento espiritual.

Parte 3 – Atividade didática "Asas da fênix"

Nesse momento, o facilitador orienta o grupo a formar duplas com base na cor da pena retirada da caixa.

Após as duplas serem formadas, o facilitador distribui um saquinho de celofane para cada participante e, em seguida, explica os passos da dinâmica, conforme abaixo discriminado:

1º passo. As duplas se distribuem pelo ambiente, em busca de um lugar confortável;

Contos que Curam

2º passo. O facilitador abre o seu saquinho de celofane, pega uma das penas e relata para o grupo uma conquista de sua vida da qual ele sente muito orgulho;

3º passo. As duplas são orientadas a abrir seus saquinhos de celofane; pegar uma pena de cada vez; e relatar, à sua parceira, uma conquista em sua vida da qual sentem muito orgulho, a exemplo do facilitador.

4º passo. O facilitador, por meio da leitura do texto a seguir, promove a compreensão das participantes a respeito dos elementos simbólicos contidos no conto.

Penas, quando transformadas em asas, além de um objeto decorativo, ganham uma função prática, como lembrar tarefas, deixar recados; e até as mais subjetivas, como eternizar momentos e estimular a realização de sonhos.

Durante nossa oficina, nós iremos usá-las para colecionar grandes inspirações e realizar muitos desejos.

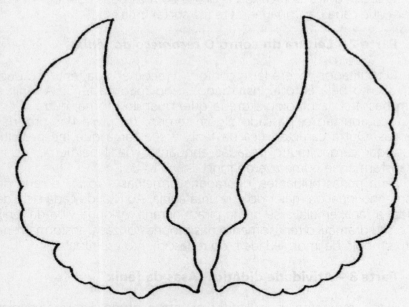

Oficina "Asas da Fênix" - Autora Danielle Bruno Ribeiro.

Para criar as asas, use sua sensibilidade e pense em cada detalhe de sua história. Cada um tem seu jeito de ver as coisas. Seu olhar se reflete em suas cores preferidas, que marcam seus momentos. Vamos transformar penas em asas? Para onde as suas o levarão?".

5º passo. Após a leitura, o facilitador distribui as cartolinas para as participantes, conforme exemplo acima (o molde consta nos anexos).

Depois, o facilitador convida as participantes a criarem e decorarem suas próprias asas, utilizando o material de ornamentação disponibilizado na oficina.

Parte 4 – Final

Ao encerrar a dinâmica, o facilitador fará a leitura de uma poesia de Cora Coralina, com adaptação da autora – *As meninas e suas asas*.

As meninas e suas asas

Não te deixes destruir...
Ajunta novas penas.
Constrói novos poemas.
Recria tuas asas sempre, sempre.
Remove galhos, cola penas, recria.
Recomeça...
Faz de tua vida um poema.
Assim viverás no coração dos jovens.
Na memória das gerações que hão de vir.
Estas asas deverão ser usadas todos os dias.
Toma a tua asa,
Vem a esta tela sempre que precisar.
E não entrava seu uso.
Jamais tem pena de ti!

Contos que curam

Capítulo 19

Oficina da compaixão

O objetivo desta oficina é promover um mergulho de autoconhecimento dentro de si mesmo, despertando a consciência e o reconhecimento das nossas habilidades individuais e coletivas, gerando assim compaixão e empatia pelas diferentes visões de mundo.

Fernanda Dutra de Azeredo Menezes

Contos que Curam

Fernanda Dutra de Azeredo Menezes

Nascida no Rio de Janeiro, onde desde muito nova se interessou por mitologia grega, fotografias e histórias em geral. Formou-se em Arquivologia pela Universidade Federal Fluminense, tendo trabalhado muitos anos no mundo corporativo. Em 2008, embarcou numa viagem pelo Brasil acompanhando seu marido em uma jornada de trabalho. Morou em vários Estados, fez 11 mudanças de residência, mas sua maior mudança foi interna. Sua mente inquieta e multipotencial a levou a fazer diversos cursos como forma de autoconhecimento. *Reiki*, Terapia Multidimensional, Contoexpressão, Símbolos Terapêuticos das Histórias, Eneagrama, Comunicação não violenta, Disciplina Positiva, Contoterapia e Mediação de Leitura são algumas das ferramentas de sua vasta bagagem, porém sua grande escola são os seus filhos Laura e Miguel, os maiores motivos para ela querer ser uma pessoa melhor. Hoje, Fernanda prefere não se definir profissionalmente. É uma eterna buscadora de si, disposta a inspirar os outros, seja por meio dos contos ou do exemplo.

Contatos
www.contografia.com.br
fazeredom@gmail.com
livrocontografia@gmail.com
Instagram pessoal: @feazeredo
Instagram de trabalho: @Contografia
Facebook: @Contografia

Fernanda Dutra de Azeredo Menezes

Conto
O CASTELO REDONDO
Por Fernanda Dutra de Azeredo Menezes

> "O fundamental que se deve dizer a todo homem é que entre dentro de si mesmo".
> **Papa Francisco, *Sobre o céu e a terra***

Era uma vez, no tempo dos avós dos nossos avós, um reino muito próspero onde moravam três príncipes que disputariam o governo de todo aquele império. No centro desse reino, havia um castelo redondo, com janelas que davam vista para todas as partes do povoado ao redor.

Diziam por lá que os príncipes só tiveram permissão de viver juntos até os quatro anos de idade, tempo em que podiam transitar por todo o castelo à vontade. Porém, ao completarem cinco anos, os três receberam uma difícil provação: cada um foi confinado a um quarto da torre mais alta do palácio, onde ficariam até conquistar as forças e habilidades necessárias para se libertar do confinamento. Essa tarefa não seria nada fácil, pois a porta de cada quarto era guardada por um enorme e feroz dragão. O príncipe que se libertasse primeiro reinaria soberano.

Os três quartos eram muito confortáveis e foram decorados de acordo com os gostos de cada principezinho, mas tinham apenas uma única janela por onde eles podiam apreciar a paisagem e o comportamento dos habitantes do grande reino.

O tempo passou e os três príncipes cresceram e se desenvolveram dentro do conforto e da segurança de seus aposentos.

O primeiro príncipe, quando criança, teve uma sensação dolorosa de insignificância e, para fugir desse sentimento, agora necessitava sempre de valorização e reconhecimento. Seu quarto era muito organizado e ele gostava de ter rotinas previamente planejadas. Era muito prático e tinha uma enorme habilidade para realizar, fazer e concretizar. Seu defeito era ser muito impulsivo, dominador e controlador. Sua mente era muito agitada e, por dentro, era como um vulcão prestes a entrar em erupção, por isso gostava de estar sempre no controle da situação. Quando olhava pela janela, via um povo injustiçado e desorganizado.

Contos que Curam

Esperava ansioso o dia de colocar ordem naquele reino. Sentia muita raiva por estar preso naquele quarto, mas sabia que, ao se libertar, se tornaria um rei justo e valorizado por seus feitos.

Seu dragão se chamava Agressividade!

O segundo príncipe, quando criança, sentiu que não recebera amor suficiente e desenvolveu uma enorme carência afetiva. Criou a sensação de que precisava fazer algo para chamar atenção e então, assim, seria amado. Seu quarto era belo, agradável, cheio de livros e quadros, pois esse príncipe tinha um grande apreço pelos estudos e pelas diversas formas de expressão de arte. Era muito emocional. Tinha habilidade para lidar com sentimentos dos outros e cuidar dos relacionamentos. Gostava de agradar e ser agradado. Seu defeito era ser orgulhoso e sentimental e, por sentir muito fortemente as emoções, às vezes se sentia ferido e vitimizado por estar preso naquele quarto. Quando olhava pela janela, via um povo infeliz e sem cultura. Sonhava com o dia em que iria conversar com seu povo e sanar todas as necessidades dos seus súditos. Sabia que seria um rei querido e amado por todos.

Seu dragão se chamava Ilusão!

O terceiro príncipe, quando criança, ficou marcado por uma enorme sensação de incapacidade. A incapacidade gerava a sua grande insegurança e, por isso, ele precisava estar sempre criando estratégias mentais para a resolução de problemas ainda inexistentes. Seu quarto era cheio de mapas, planos e livros de instruções, pois ele precisava entender de tudo e de todos para não ser pego de surpresa. Era completamente racional. Pensava muito, observava, refletia, analisava tudo para tomar decisões, o que gerava o defeito da preocupação. Quando olhava pela janela, via todos os erros e fragilidades do reino. Queria ser rei para proteger o povo de todos os perigos que poderiam ocorrer naquelas terras.

Seu dragão se chamava Medo!

Os três príncipes passaram a vida testando formas de derrotar seus dragões, mas, infelizmente, fracassavam. Os dragões ficavam cada vez maiores e mais fortes a cada tentativa de derrotá-los.

Certo dia, um estranho evento aconteceu naquele reino. Em uma linda noite de lua cheia, uma enorme e brilhante estrela cruzou o céu. Sua luz ofuscante entrou pelas janelas dos quartos dos príncipes revelando uma passagem secreta nunca vista antes. No chão dos seus quartos, havia um alçapão que dava acesso a um porão profundo e na mais completa escuridão. Todos os três príncipes foram tomados por um impulso incontrolável e resolveram descer, sozinhos, sem saber o que encontrariam lá embaixo. Seus dragões logo perceberiam o silêncio dos seus quartos e viriam atrás deles. Desceram pé ante pé, as três longas escadas, em silêncio. O único som era das suas próprias respirações.

Fernanda Dutra de Azeredo Menezes

Lá embaixo, havia três grandes portais, que davam acesso a um labirinto. Já era possível ouvir o barulho dos dragões lá em cima a procurá-los, por isso, sem tempo de pensar, sem saber se era certo ou errado, os três príncipes entraram correndo, às cegas, pelos caminhos tortuosos, íngremes e cheios de obstáculos. Seus dragões estavam cada vez mais perto e eles podiam sentir o calor do fogo que saía de suas narinas. Corriam cada vez mais rápido, mas, quanto mais corriam, mais fracos ficavam e mais fortes pareciam os rugidos dos dragões. Enquanto corriam, se lembravam de tudo o que haviam tentado fazer para derrotar seus dragões, sem resultado. De repente, todos tiveram a mesma percepção: perceberam que correr, sem saber o caminho, só os deixava mais longe da saída. Resolveram então encarar seus dragões. Esperaram ali onde estavam, sem se mexer, sem recuar. Os dragões chegaram muito grandes e assustadores, soltando enormes labaredas de fogo.

O príncipe 1 olhou com determinação nos olhos do dragão da Agressividade e, como mágica, entendeu que a Agressividade era o que o impulsionava para a ação. Seu dragão imediatamente parou, baixou a cabeça e foi dominado.

O príncipe 2 olhou com amorosidade para o dragão da Ilusão e então se deu conta de que por meio da Ilusão adquiria criatividade para se expressar. Seu dragão recuou e deitou aos seus pés, manso.

O príncipe 3 olhou com coragem para o dragão do Medo e descobriu que o medo o fazia ser prevenido e prudente. Seu dragão finalmente foi domesticado.

Acompanhados de seus novos companheiros, os três príncipes acharam a saída do labirinto e, juntos, foram coroados como os três reis daquele rico e poderoso império.

Dizem por aí que aquele reinado ficou conhecido como o melhor de todos os séculos, pois unia três formas de governar o todo: por meio da ação, da emoção e da razão.

Oficina da compaixão

Objetivo: esta oficina busca promover um mergulho de autoconhecimento dentro de si mesmo, despertando a consciência e o reconhecimento das nossas habilidades individuais e coletivas, gerando, assim, compaixão e empatia pelas diferentes visões de mundo.

Durante a aplicação da oficina cada participante deverá ser capaz de entender a analogia entre cada um dos três príncipes e as próprias habilidades comportamentais, visando identificar qual o representa melhor.

Em todas as organizações, sistemas familiares e relacionamentos interpessoais encontraremos pessoas com visões, habilidades e fraquezas diferentes das nossas. Isso gera conflitos a respeito de como solucionar problemas e lidar com vários aspectos da vida, porém, ao nos conscientizarmos e reconhecermos a nossa maneira de ver o mundo, nossos padrões de repetição e de cada pessoa ao redor, criamos empatia e compaixão pela visão do outro. Assim, podemos ampliar nossos horizontes e, juntos, ter uma visão muito mais ampla do todo, favorecendo o trabalho em equipe.

A oficina está dividida em quatro partes

Parte 1. Introdução: vamos conectar os participantes com frases sobre verdades absolutas, compaixão e empatia, e criar questionamentos acerca delas.
Parte 2. Conto: criado exclusivamente para esta oficina e possui elementos simbólicos que serão explicados mais adiante;
Parte 3. Atividade didática: "O bingo das virtudes e fraquezas" foi desenvolvido pela autora com o objetivo de fazer com que os participantes acolham as suas virtudes e fraquezas e se conectem emocional e simbolicamente com os seus centros de inteligência.
Parte 4. Final: encerraremos com uma dinâmica simples, em que deixaremos claro que não existe uma única solução para tudo e que a união de diversas visões é a melhor solução para o bem-estar coletivo.

Parte 1 – Introdução

Para que os participantes possam se conectar com o tema abordado no conto, utilizaremos frases de efeito, impressas previamente, ou faladas pelo facilitador, para que eles comecem a refletir sobre a existência de um único ponto de vista.
Sugestões de frases (autores desconhecidos):

• "Temos visões diferentes da vida e é por isso que enxergaríamos muito mais coisas se estivéssemos juntos".
• "A empatia é uma das únicas capacidades que nos salva de generalizarmos nossas verdades pessoais em detrimento da realidade que é fornecida pelo outro".
• "Em tudo na vida existem dois pontos de vista possíveis e nenhum deles é a verdade absoluta".

Parte 2 – Conto

O conto "O castelo redondo" vem explicar que o ser humano, sendo uma realidade una e inteira, manifesta-se de três formas diferentes: pela ação, pela razão e pela emoção.

Fernanda Dutra de Azeredo Menezes

O castelo redondo somos nós. Somos seres holísticos, com capacidade de ver a realidade como um todo, porém em determinado momento da nossa infância escolhemos um único quarto do castelo para viver. Baseados em nossas crenças e na forma como fomos condicionados, passamos a enxergar o mundo por meio de uma única janela que nos permite enxergar parcialmente a paisagem.

Os príncipes enxergam o mundo por meio das suas janelas e formam percepções diferentes de acordo com o que veem e sentem. O prático, o emocional e o racional. Esses são os três centros de inteligência ou três habilidades próprias do ser humano. Todas as pessoas possuem essas três habilidades, porém cada uma possui maior afinidade com uma dessas áreas.

Os dragões são aquelas emoções que nos incomodam e muitas vezes nos aprisionam ainda mais em nossos quartos, bloqueando o nosso desenvolvimento pessoal. São os nossos padrões de comportamento. O conto nos ajuda a dar nomes a esses dragões, pois não podemos lutar contra um inimigo desconhecido. Passamos a vida acompanhados de pequenos dragões que crescem à medida que tentamos derrotá-los ou reprimi-los, mas nos esquecemos do fato de que são esses dragões que nos protegem. Não temos culpa pelas nossas emoções, mas somos responsáveis pelo modo como lidamos com elas.

Este conto, baseado muito superficialmente em uma sabedoria chamada eneagrama, dará oportunidade às pessoas e aos grupos de se conhecerem melhor, despertando um olhar de empatia sobre si e sobre o outro, para que os relacionamentos pessoais, interpessoais e organizacionais fluam com mais leveza e liberdade.

2.1 – Leitura do conto

2.2 – Perguntas
- O que vocês entenderam do conto?
- Com qual príncipe você se identificou mais?
- Reconhece alguém nas características de outro príncipe?

Parte 3 – Atividade didática *Bingo das virtudes e fraquezas*

Os participantes devem estar sentados em círculo.

O facilitador deve fazer uma lista com várias virtudes e fraquezas do ser humano e imprimir algumas cópias.

Distribuir para os participantes uma folha previamente impressa com uma cartela de bingo em branco com seis espaços para escrever.

Pedir que cada participante escolha quatro virtudes e uma fraqueza que sejam da sua personalidade na lista previamente impressa e escrevam em cinco espaços da cartela, deixando um espaço em branco.

Contos que Curam

Esse espaço deve ser preenchido pelo colega do lado direito, que vai escolher uma fraqueza ou uma virtude para terminar de preencher a cartela do participante.

O facilitador deve colocar as virtudes e fraquezas da lista, recortadas uma a uma, em um saquinho e começar a sortear, de forma descontraída, como um bingo. Ex: Quem tem organização? Quem tem medo?

O participante que preencher a sua cartela primeiro ganha um prêmio previamente acordado.

Essa atividade, além de descontrair, mostra aos participantes que todos temos virtudes e fraquezas e precisamos aceitá-las e acolhê-las para sermos recompensados. Aceitar a palavra da pessoa ao lado nos ensina a aceitar críticas, mesmo que não nos identifiquemos com o que acham da gente.

Parte 4 – Final

O facilitador com um copo de água e um envelope de sal de fruta perguntará aos participantes o que aconteceria se ele jogasse o sal de fruta na água.

Ouvir atentamente as respostas.

Em seguida, joga o sal de fruta com o envelope fechado na água e espera a reação das pessoas.

Passado o impacto da situação, o facilitador explica o espírito de grupo, da participação verdadeira de cada um.

Aqui, temos duas importantes lições. Uma, que não existe uma única maneira de se fazer uma determinada coisa, outra, que todos temos a chance de conviver em grupo e, assim como o sal de fruta e os príncipes, enquanto ficarmos presos em nossos quartos/saquinhos, perderemos a oportunidade de beneficiar o todo.

Referência
Cunha, Domingos. *Coleção eneagrama da transformação*. Fortaleza: Karuá, 2016.

Contos que curam

Capítulo 20

Oficina da aceitação

Esta oficina tem como objetivo despertar e provocar um mergulho no mundo interior, a fim de percebermos como nos iludimos, acreditando ser o que não somos, fugindo sempre do autoencontro, embora a dor nos chame para o despertar.

Flávia Bruno

Contos que Curam

Flávia Bruno

Bacharel em Direito com especialização em Direito Processual Civil e Docência do Ensino Superior. Mediadora, Educadora, Mãe, Esposa, Defensora das Crianças e de suas famílias. *Master Coach* pela Febracis e FCU – Florida Christian University. Formação em *Kids Coaching*. *Coach* de casais e formação em *Coach* pela Abracoaching. Treinadora Emocional. Fundadora do Clube Mágico "Mamãe Coach Papai Coach".

Contatos
flaviarj.coach@gmail.com
Instagram: flaviabruneneves
WhatsApp: (22) 99998-4504

Flávia Bruno

Conto
SPUM, A ESPUMA DO MAR
Por Flávia Bruno

"Não somos o que os outros pensam e, muitas vezes, nem mesmo o que pensamos ser; mas somos, verdadeiramente, o que sentimos. Aliás, os sentimentos revelam nosso desempenho no passado, nossa atuação no presente e nossa potencialidade no futuro."
Hammed – Francisco do Espírito Santo Neto

Spum era uma espuma que vivia no mar e era bem diferente das outras espumas que viviam lá.
Ela foi jogada por um barqueiro na superfície do oceano e vivia distante, em alto-mar, pensativa, chateada e cheia de tristezas a carregar.

Spum só pensava em como chegar até a orla do mar, como voltar.

Tinha dias que Spum passava seu tempo contemplando o sol iluminar o mar, e outras horas, quase todas as outras horas, a esbravejar. E cada vez mais ficava difícil chegar.

Ela acompanhava cada movimento do mar: a onda se formando até estourar; ondas que chegavam às praias vindas do alto-mar; ondas que desciam das alturas onde Spum sonhava estar.

Ela percebia que uma espuma assim como ela era lançada até a orla sem precisar se esforçar tanto. Sem entender, ela se perguntava:

— Por quê? Parece que eu carrego toda a água do oceano e por mais que tente me movimentar pareço nem sair do lugar. Como vou chegar até lá? Como queria estar na crista da onda como outras espumas!

Mas Spum continuava lá dia e noite no meio do oceano sem ao menos uma onda a levantá-la. E dizia ela:

— Nada é mais triste, solitário e profundo que carregar todo o mar, absorvendo o óleo, toda a água e ainda tendo de desviar de tantas algas e águas-vivas. Não é justo! Espumas flutuando e eu quase me afogando!

Até que, um dia, Spum olhando a espuma branquinha se formar, percebeu no espelho das águas que ela não era branca e sim amarela, e que talvez não fosse espuma como pensava ser, e que talvez não fosse a onda raivosa que não a quisesse levar até a orla do mar. Confusa e decepcionada, afastou-se e ficou a pensar:

— E agora? Realmente não tenho mesmo como chegar até a crista da onda assim como sou. Como virar espuma das ondas do mar?

Quando clareava o dia, Spum percebia que ela brilhava como o sol, e no cair da noite cintilava como uma estrela do céu no meio do mar, como um farol: uma estrela-do-mar porosa a brilhar na escuridão! E falou para si mesma:

— Eu sou amarela como o sol e nada é mais lindo que o sol quando abraça o oceano, fazendo brilhar as águas do mar! Eu sou porosa como uma estrela-do-mar, que se regenera e tem vários braços para abraçar! Gratidão! Eu sei quem sou!!! Sou uma esponja de espuma. Sou um e um pouco de cada um!

De repente, Spum foi percebendo que começava a ficar leve, bem levinha, quase sequinha, e um vento soprou Spum de tão leve que ela ficou. E, assim, ela pôde chegar até a orla do mar.

Oficina de aceitação

Objetivo: esta oficina tem como finalidade despertar e provocar um mergulho ao mundo interior a fim de percebermos como nos iludimos acreditando ser o que não somos, fugindo sempre do autoencontro, embora a dor nos chame para despertar a fim de eliminarmos as emoções reprimidas, os sentimentos que nos aprisionam, e assim levarmos a vida com mais leveza.

A oficina está dividida em quatro partes

Parte 1 – Introdução
Conectar os participantes entre si e ao conto por meio da mensagem inicial: "A mente apegada a acontecimentos, fatos e pessoas é incapaz de perceber sua essência".

Parte 2 – Conto
Criado para proporcionar uma visualização, por meio de elementos simbólicos, da necessidade de transformação, provocando um mergulho interior. Nessa parte, o facilitador ou facilitadora deverá contar o conto e depois realizar as perguntas para reflexão e despertar do conhecimento.

Flávia Bruno

Parte 3 – Atividade didática
Elaborada para proporcionar uma experiência dos elementos do conto.

Parte 4 – Final
Encerraremos a oficina com uma sugestão, buscando por meio dela cristalizar um novo comportamento, pensamento e uma maneira de sentir por meio da auto-observação, autoconhecimento e autoamor.

Parte 1 – Introdução

Citar a frase:
"A mente apegada a acontecimentos, fatos e pessoas é incapaz de perceber sua essência", de Francisco do Espírito Santo.

Pedir que cada participante se apresente brevemente (dizer o nome e o que faz) e promover um diálogo com eles, por meio de perguntas:
— O que você pensa quando ouve esta frase? Você concorda?
— Já houve alguma situação em que você foi traída(o) pela sua mente? (Pedir para contar a situação se estiver à vontade.)

Se for pertinente, o(a) facilitador(a) pode buscar alguma situação vivida para servir como exemplo.

Parte 2 – O conto

2.1 – O(a) facilitador(a) deve narrar o conto. Abaixo segue uma explicação simbólica dele, que não deve ser compartilhada com o grupo:

A personagem não sabia mesmo quem era. Então, como podia ser ela mesma? A intenção do conto é levar os participantes a refletirem sobre como muitas vezes acreditamos ser o que não somos. Spum pensava ser espuma. A espuma simboliza o que acreditamos ser.

Carregando tanto peso, sua luta "contra a maré" representa os obstáculos e os percalços não atendendo aos sinais da vida, que tiveram como símbolo no conto as algas e águas-vivas.

Não ouvindo os avisos que a vida dá nos alertando, a dor vai se potencializando cada vez mais até desistirmos de insistir e remar contra a maré, aceitando a vida e deixando ir o que estiver nos afogando.

Spum despertou, ouviu o chamado olhando para baixo, não mais olhando só para a crista da onda, a ilusão, e ficando cara a cara com quem ela era.

Ficarmos cara a cara com quem somos, como fez a personagem, aceitando que nossa percepção interior está desmembrada, é um desafio.

Enxergarmos que somos como o sol e a luz, mas que também

somos porosos e machucamos como a estrela-do-mar, além de absorvermos toda a água, que representa pensamentos; emoções que permitimos emitir e sentir como a esponja.

Precisamos fazer um mergulho no inconsciente individual a fim de nos descobrir tomando consciência das nossas possibilidades escondidas, assim como tomando consciência das arestas que precisam ser aparadas para que possamos nos aceitar e deixar ir...

Spum em alto-mar é como nosso mundo exterior, agitado e em constante movimentação com as coisas dando errado, machucando, paralisando, quase impedindo o movimento. Simboliza tantos sentimentos desagradáveis que carregamos, tantas pessoas, mágoas, ressentimentos, raiva e rancores que precisamos deixar ir...

Quando aceitamos o que somos e enxergamos nossos erros, limites e desventuras, passamos a compreender o outro, enxergar o outro, tendo compaixão e o vendo como parte de nós.

Spum descobre que ela brilhava como o sol que simboliza a nossa luz interior, clareando e deixando mais leve a nossa vida e a de todos ao nosso redor, que quando seus raios iluminavam o mar escuro, o mundo Spum ficava cada vez mais leve.

Ao nos identificarmos com o nosso eu mais profundo, reconhecemos que somos um todo, somos um pouco de cada um. É quando Spum descobre ser como o sol, como a estrela-do-mar porosa e no final do conto quando percebe que era uma esponja de espumas.

2.2. – Perguntas: abaixo seguem algumas questões que servem de sugestão, a fim de despertar o conhecimento dos participantes, em relação à mensagem do conto.

— Quem eu sou de verdade?
— Será que eu sou a pessoa que eu penso ser?
— Será que eu estou disposto a ser de verdade e descobrir a verdade sobre mim?

Parte 3 – Atividade didática

Materiais necessários
– Recipientes (bacias ou copos descartáveis).
– Esponjas de espuma, de várias cores, formas e texturas diferentes.

Desenvolvimento da atividade
Pedir aos participantes que escolham uma espuma. Dispor à frente de cada participante um recipiente contendo água e outro vazio.

Iniciar a atividade com a mensagem: "Muitas vezes colocamos muito foco em pensamentos negativos, raivas, ciúmes, medos, sofrimentos, mágoas e ressentimentos. Já pensou como eles estão afetando você?".

Pedir que os participantes tomem o recipiente com água nas mãos e reflitam por uns instantes sobre quais sentimentos tem sido difícil carregar.

Pedir que fechem os olhos com o recipiente entre as mãos e visualizem as palavras ou situações sendo introduzidas nele.

Pedir que abram os olhos, tomem a esponja nas mãos e sintam seus detalhes (cor, textura, tamanho, formato). Em seguida, pedir que introduzam a esponja no recipiente com água.

Pedir que compartilhem: o que aconteceu com o líquido? O que aconteceu com a esponja?

Entregar o recipiente vazio e pedir que esvaziem a esponja.

Faça perguntas:
— Como está a esponja agora? Mais leve? Mais fácil de manusear?
— Quem é a esponja na sua história?
— E se a esponja fosse você? Que coisas, situações e sentimentos você está absorvendo que o(a) estão deixando pesada(o), que o(a) estão deixando difícil de manusear, de lidar?
— O que o(a) tem impedido de ter a vida que merece?
— Que tipo de esponja você quer ser?
— O que você precisa deixar ir embora como a água que se foi da esponja?

Deixar livre para compartilharem as respostas às reflexões se desejarem.

Finalizar a reflexão com a mensagem a seguir:

Essa esponja representa você, um novo você! Permita-se fluir pela vida...
Leve a vida de uma forma leve!
Acolha, aceite, agradeça e deixe ir...
Agora, observe a sua esponja:
Ela tem um formato que é só seu, ninguém tem. Só você!!!
Ela é única!! E tem um lugar onde se encaixa certinho e você é perfeito para esse lugar!!!
Um lugar feito para você!

Parte 4 – Finalização

Primeiro o(a) facilitador(a) compartilhará uma reflexão, e depois os participantes também poderão dizer o que pensam:

Todos os dias, nós, adultos, somos exigidos a cumprir tarefas. Muitas vezes, quase sempre estamos tão apressados que nem escutamos o nosso chamado. Será que eu sou a melhor pessoa que eu posso ser? Spum vivia no oceano e nunca havia olhado seu reflexo nas águas do mar. Nunca houvera olhado para ela, só para o outro.

Contos que Curam

E SE... de repente eu escolher SOLTAR tudo que me aprisiona, me machuca, tudo que está dando errado e eu insisto mesmo a vida dando vários sinais?

E SE... eu conversar com o mal que existe em mim e que está me sufocando e deixar ir... e conversar todos os dias da minha jornada com o bem, porque ele também reside em mim e somos parte dele?

Pedir que os participantes compartilhem suas reflexões sobre a experiência.

Para despedir o grupo, entregue aos participantes a receita do "banho da gratidão", para levarem junto com a esponja.

Receita do banho da gratidão

Precisamos aprender o amor iniciando pelo autoamor.

Que tal usar a sua esponja de espuma uma vez na semana em seu banho, dizendo (ou mentalizando) as frases abaixo enquanto a desliza sobre seu corpo?

Eu me amo, me aceito e me respeito profunda e completamente e deixo ir tudo que estiver me incomodando.
Eu agradeço aos meus pés por me sustentarem.
Agradeço às minhas pernas por me levarem aonde preciso ir.
Agradeço aos meus braços por abraçarem a vida.
Agradeço às minhas mãos por pegarem tudo o que preciso.
Agradeço ao meu rosto por expressar quem eu sou.
Agradeço aos meus olhos, à minha boca, ao meu nariz....

Agradecer genuinamente a cada parte do seu corpo o que ela proporciona a você, se amando e se aceitando cada vez mais, com muita gratidão.

Contos que curam

Capítulo 21

Oficina Arteterapia com Mandalas Indígenas

A oficina de Contoexpressão por meio da arteterapia na fabricação da mandala indígena tem por objetivo trabalhar os aspectos de cura interior abrindo uma nova realidade e ligando novos caminhos da consciência por meio da amplificação dos sonhos, como potencial para busca do autoconhecimento.

Luciane Rodrigues Canarin

Contos que Curam

Luciane Rodrigues Canarin

Psicóloga, terapeuta em Arteterapia e Arte Educadora, graduada pela Universidade do Extremo Sul Catarinense (Unesc) em Psicologia (2005) e Ed. Artística (1995) com Licenciatura plena e Artes Plásticas. Especialista em Neuropsicologia, Neuropsicopedagogia e Arte Educação. Pós-graduanda em Arteterapia. Atua em Avaliação Neuropsicológica e Neuropsicopedagógica, Habilitação e Reabilitação Neurocognitiva. Atendimentos a pacientes vítimas de TCE, Demências e Alzheimer, Deficientes Intelectuais, Dificuldades de Aprendizagens e TDAH. Idealizadora e coordenadora do Projeto "Sala Estruturada TEACCH em Escola Especial" para TEA/Autismo com os métodos TEACCH e PECS com experiência em sala estruturada há mais de nove anos. Terapeuta em Arteterapia de Grupo e individual. Realiza *workshop* em Arteterapia e Mandala para crianças e idosos.

Contatos
anecanarin@gmail.com
LinkedIn: Luciane Rodrigues Canarin
(48) 99978-6363 / (48) 99143-3648

Luciane Rodrigues Canarin

Conto
APOENA, A GUARDIÃ DA NOITE
Por Luciane Rodrigues Canarin e Maia Canarin Mroninski

> Conheça todas as teorias, domine todas
> as técnicas, mas ao tocar a alma humana,
> seja apenas outra alma humana.
> Carl G. Jung.

Numa noite de luar, ao som dos tambores, flautas, chocalhos e rituais de danças, a pequena Apoena brincava com os adornos de penas e colares que sua mãe levava em seu peito, ao mesmo tempo em que adormecia em seu colo.

Diante dos conselhos das estrelas, da lua, do sol e do seu avô, o Pajé, a pequena Apoena cresceu em graça e sabedoria, pois levava em seu nome o poder daquela que enxergava longe.

A pequena índia vivia com sua família, cujos ensinamentos eram passados de geração a geração.

Um belo dia, em sua jornada espiritual, Apoena teve um sonho que mostrara seu caminho. A bela índia foi solicitada em seu ensinamento.

E partiu...

Naquela manhã, Apoena pegou sua cesta de palha de bambu, colocou seus objetos e escudos de proteção que seu avô fizera para ela no momento em que veio habitar o solo sagrado da sua tribo.

Na sacola também levava os ensinamentos dos anciãos, e da guerreira que deverá se tornar.

Apoena deverá chegar a uma grande montanha localizada ao leste no grande vale dos animais de penas, onde habita a Águia Sagrada.

Caminhou muito e já era noite quando chegou ao topo da colina. Cansada e com fome, a jovem índia adormeceu ali e o som da natureza noturna anunciou novamente o encontro com o mundo dos espíritos.

Mas, nesta noite Apoena não sonhou, somente adormeceu em um sono profundo...

Apoena deverá ficar nesta montanha jejuando e orando, segundo a lenda dos seus antepassados.

— A saudação do avô sol despertou-me nesta manhã — Disse ela.

Agora! Sozinha o espírito do grande mistério teria que guiá-la.

Contos que Curam

A jovem pegou sua cesta de bambu e tirou seus objetos que são usados em rituais da tribo, um cinto e um colar feitos de dentes de capivara e iniciou seu canto de oração.

O dia passou lentamente e Apoena já estava ficando exausta e com fome, mas sabia que sua jornada havia iniciado.

Naquela noite, recebeu a visita da grande Águia que lhe inspirou um sentimento que Apoena não soube identificar. A grande Águia ficara distante de sua consciência.

Neste momento ficou assustada e com medo.

— Estou diante do grande mistério! Pensou.

No segundo dia, Apoena estava cansada e relutante.

— Estou atormentada! Não sei o que fazer avô sol! Meus sonhos estão ficando cada vez mais confusos! Sinto-me perdida, onde devo seguir... — Murmurou.

Sozinha e diante do calor escaldante da colina, procurou uma sombra em meio às árvores. Ali, jejuou e orou.

Novamente, a grande Águia apareceu em seus sonhos e lhe disse:

— Afaste qualquer sentimento negativo de medo que esteja impedindo você de desenvolver suas habilidades e talentos próprios, querida Apoena! Novas visões irão abrir-se à sua frente, deixe seu poder criativo aflorar e não tenha medo, "Guardiã da Noite"!

Assustada, lembrou-se do que o seu avô lhe dissera antes de partir:

— Lembre-se minha neta, você leva em seu nome "aquela que enxerga longe" e assim deve ser. Você deverá atacar corajosamente seus medos e enfrentar o grande mistério!

Seu último dia na montanha se aproximara e um sentimento de paz tomou conta do seu coração. Algo mudara dentro dela.

Agora, Apoena se tornara "Guardiã da Noite" e a revelação da verdade do seu caminho pessoal se fez real.

E foi assim...

Apoena voltou para tribo e se tornou uma grande filha dos sonhos, a Guardiã da Noite.

A magia era revelada por meio dos animais sagrados.

Incorporada aos espíritos dos animais de asas da grande Águia, o caminho sagrado de Apoena era revelado em mensagens de sonhos de cura.

Quando viu as asas cintilantes da borboleta, Apoena seguiu-a até atravessar a outra dimensão.

Assim, com ajuda da libélula e rompendo a ilusão física, Apoena se comunicou com o mundo elemental.

Guiando os sonhos diurnos...

Seu avô disse bem baixinho, quase sussurrando...

— Apoena! Apoena! Preste atenção! Faça um diário e anote seus preciosos sonhos e sentimentos.

Luciane Rodrigues Canarin

E assim ela fez. Pegou a mais bela folha de bananeira, e a transformou em um fino papel de seda, ali, escreveu seu sonho em poema...

Dimensão dos sonhos

Hoje vamos sonhar
O sonho não pode esperar
Não entendo como não sonhar
Sem pressa deixo-me adormecer
E simplesmente o sonho irá acontecer

Você não sonha só dormindo
Quando sonha você viaja
E não quer mais voltar
Vou deixar-me adormecer
Quero simplesmente sonhar

Não vou jamais deixar de sonhar
É nele que vou me encantar
Faço então um filtro dos sonhos
Para bons pensamentos filtrar
Como é bom sonhar!

Levando a outras dimensões
Reinos e imaginações
Em inocência e alegria
Entre a noite e o dia
Vamos sonhar!

A sabedoria da mãe natureza ajudava Apoena na sua jornada espiritual em seus sonhos e visões.

A partir dos ensinamentos que foram passados pelos seus antepassados e pela grande Águia, Apoena seguiu o curso do seu coração.

Seus sonhos eram ladeados por estrelas que guiavam seus antepassados como almas transmissoras capazes de viajar para o mundo sobrenatural.

Toda noite, a Guardiã da Noite entrava em outros reinos, atravessando a via láctea, vagando sutilmente a alma, tocando espaços sagrados, recebendo sinais e mistérios de cura e revelações...

Para os povos indígenas, os elementos da natureza são sagrados, o Pajé da tribo, ao fumar seu cachimbo sagrado, protege o corpo e a alma espiritual do enfermo.

Apoena rendeu-se ao impulso e ao magnetismo do mundo dos sonhos.

Contos que Curam

E, por último, aprendeu a entrar nos reinos das emoções por meio da sabedoria adquirida pelos animais sagrados.

A mensagem e os lembretes que chegaram do mundo dos espíritos para Apoena transmitir a seu povo tornou-se um ritual.

E...

Da mesma forma que seu avô, Apoena levava seu canto de oração por todos os cantos da Terra.

Oficina: Arteterapia com mandalas indígenas

Objetivo: a oficina de Contoexpressão por meio da arteterapia na fabricação da mandala indígena tem por finalidade trabalhar os aspectos de cura interior abrindo uma nova realidade e ligando novos caminhos da consciência por meio da amplificação dos sonhos, como potencial para busca do autoconhecimento.

A oficina estará dividida em (9) nove partes que nortearão o desenvolvimento da técnica aqui apresentada.

Parte 1 – Apresentação

1.2. Proponente: poderá ser realizada por facilitadores de diversas áreas de atuação.

1.3. Público: adultos, mas poderá ser composto por faixas etárias (jovens, adultos e idosos).

1.4. Tempo: duas horas aproximadamente.

1.5. Número de participantes: dez pessoas.

Parte 2 – Materiais de sala:

Ambiente com mesas e cadeiras, celular com *Internet* para baixar as músicas ou ao som de batidas de tambor.

Parte 3 – Materiais diversos:

Base redonda (bastidor de bordar ou base de cipó já no formato redondo), linha, cordão ou fios de lã coloridos, fitas e rendas coloridas, penas, miçangas, cristais, tesoura e cola instantânea. Figura 1 (Anexo).

Parte 4 – O conto:

Apoena a Guardiã da Noite foi elaborado a partir do poema "Dimensão dos sonhos".

O conto deverá ser narrado de forma tranquila, solicitando que cada participante feche seus olhos a fim de criar cada um sua imagem mental e ao som da música indígena como pano de fundo.

Parte 5 – A técnica:

Os participantes do grupo deverão construir livremente sua mandala pessoal usando os materiais dispostos. Uma mandala significa círculo sagrado.

Parte 6 – Dinâmica: ritual Xamânico

6.1. Aquecimento:
• Em pé, ao som da música indígena descrita abaixo como sugestão e/ou com a batida do tambor, os participantes fazem um círculo, batendo os pés no chão a cada batida do tambor e alternando os passos andando no sentido horário, formando uma grande roda de dança. Fazer esse movimento por três a quatro minutos.
• A cada batida do pé no chão emite-se um som vocal (ah, ah, ah, ah...) dançando ao ritmo da música ou as batidas do tambor.

Parte 7 – Desenvolvimento:
• Após fazerem o aquecimento da dança indígena, os participantes serão solicitados a sentar em seus lugares.
• O facilitador irá conduzir da seguinte forma:
Solicitar que os participantes fechem seus olhos ao som de música Instrumental de Natureza. Fazer a leitura do conto de forma lenta e agradável.
• Ao terminar a narração do conto, os participantes terão que confeccionar sua mandala indígena "Filtro dos sonhos" da seguinte forma:

1. Com o bastidor ou cipós, escolher a lã, cordão ou linha para tecer.
2. Separe um pedaço grande de barbante, e o amarre no início do aro dando um nó bem forte para que fique firme; Figura 2 (Anexo). Caso tenha sobrado a lã ou o cordão, continue trabalhando com o mesmo barbante; caso precise, corte mais um pedaço e o junte ao aro com um nó.
3. Para iniciar a teia. Puxe o fio para o lado, de forma que ele encontre o aro e forme uma linha; Figura 3 (Anexo).
4. Passe o fio em volta do aro e, em seguida, por dentro da linha reta que você criou na primeira puxada. Formando um novo nó; Figura 4 (Anexo).
5. Repita o mesmo procedimento (puxar o fio para o lado e dar o nó) por toda a lateral do aro, manter a mesma distância entre os nós; Figura 5 (Anexo).
6. Depois que contornar o aro, comece a tecer os nós no centro das linhas de barbante anteriores, repetindo o processo até fechar a teia; Figura 6 (Anexo).
7. Finalize com um nó de arremate.
8. Com a teia pronta, pegue pedaços do barbante e amarre na parte de baixo do aro, deixando-os pendurados. Podem ser colocadas contas, miçangas e penas; Figura 7 (Anexo).
9. Faça também uma pequena alça na parte de cima do aro, para poder pendurar o filtro na parede; Figura 8 (Anexo).

10. Em círculo, cada participante irá falar sobre sua produção e quais os aspectos simbólicos vivenciados em todos os momentos da oficina juntamente com o conto indígena.

11. O facilitador poderá fazer perguntas aos participantes conforme sugestão no item abaixo.

Parte 8 – Diálogo

Diálogo entre os integrantes do grupo sobre o tema em questão. Sugestões de perguntas: o que sentiu ao dançar ao ritmo do tambor e da dança indígena? Como você percebeu o próprio corpo? Teve alguma lembrança ou pensamento quando escutava o conto de olhos fechados? O que você sentiu ao construir sua mandala pessoal? Como foi participar desta oficina? Você já esteve em situação parecida com a da Apoena, comente? Qual a sua conclusão ao observar a sua mandala?

Parte 9 – Fechamento

Em roda e ao som de música instrumental de natureza, todos os participantes se abraçam e realizam cumprimento de gratidão apenas com olhares e sorrisos, sem expressar a fala, somente ser grato pela experiência vivenciada. Olhar com sentimento de gratidão.

Referências
MRONISNKI, Maia Canarin. *Contos, crônicas e poemas: dimensão dos sonhos*. Associação Beneficente da Indústria Carbonífera de Santa Catarina. Editora Básica SATC. Criciúma-SC, 2014.
JECUPÉ, Kaká Werá. *A terra dos mil povos: história indígena do Brasil contada por um índio*. São Paulo: Ed. Pierópolis, 1998.
JUNG, Carl Gustav. *O livro vermelho – LIBER NOVUS*. Edição e introdução Sonu shamdasani. Ed. Vozes. Petrópolis, 2013.
SAMS, Jaime. *As cartas do caminho sagrado*. Ed. ROCCO LTDA. Rio de Janeiro, 1990.

Contos que curam

CAPÍTULO 22

Oficina do perdão

O objetivo desta oficina é promover o perdão como uma ferramenta capaz de romper as correntes de dor emocional e levar à compreensão de que conceder perdão aos que nos causam danos, tristeza e dor, e a nós mesmos confere liberdade e leveza à vida. Enfatizando que não há idade limite para que a liberdade aconteça.

Marcelle do Nascimento Gonçalves Guedes

Contos que Curam

Marcelle do Nascimento Gonçalves Guedes

Mãe do Pedro, seu título mais importante! Contadora de histórias, palestrante e educadora; *coach* parental, analista comportamental e especialista em inteligência emocional; certificada pelo Instituto Salud y Educación S.L. de Valencia, Espanha, no curso Contoexpressão: educação emocional e terapia através de contos. Atualmente, coordena e conduz atividades contoexpressivas para grupos, em palestras e *workshops* com enfoque especial à educação emocional para professores e famílias. Pesquisadora e apaixonada pelo desenvolvimento humano e suas emoções, acredita que a família tem um poder transformador na sociedade, e sua missão é encantar e transformar o mundo com histórias para que os indivíduos conquistem harmonia pessoal e vínculos afetivos fortes e saudáveis.

Contatos
Instagram: marcellegguedes
Facebook: Marcelle Gonçalves
YouTube: Marcelle Guedes
+ 55 (27) 99850-4770
+ 55 (27) 98103-3045

Marcelle do Nascimento Gonçalves Guedes

Conto
A MENINA DE PÉS PESADOS
Por Marcelle Guedes

> "Perguntaram ao sábio o que é o perdão.
> Ele respondeu: é o perfume que a rosa exala
> nos pés de quem a esmagou."
> **Autor desconhecido**

O vale era florido, enfeitado por muitas borboletas brilhantes, e, lá no meio, uma casinha branca onde morava um casal, que sonhava ter um bebê. O tempo não demorou, e foi abençoado com a chegada de uma menina, de olhinhos bem negros e riso aberto, brilhantes como as borboletas do vale.

A cada aniversário, a menina ganhava uma viagem de aventura, que deveria fazer sozinha, mas nunca voltar pelo mesmo caminho de ida. As primeiras viagens eram curtas e logo a menina estava de volta para contar o que tinha visto. E depois foram ficando mais longas, duravam mais tempo. Ela se encantava cada vez mais com as paisagens e as novas e mais intensas histórias que vivia. Quando voltava, quantas novidades trazia!

Em cada viagem, ela conhecia pessoas sorridentes e vivia lindas histórias com elas. Mas nem todas as viagens foram assim tão boas. Em algumas, ela conheceu quem a deixava triste: falava palavras enrugadas, que faziam doer o coração. Depois desses encontros, seus pés ficavam muito escuros e pesados. Como se carregassem correntes, que ela não via, mas sentia. Era como se a alma estivesse acorrentada, e cada vez que voltava à sua casinha branca, estava mais pesada e desanimada. Nem queria mais contar de suas aventuras...

Seus pais, preocupados, sem saber como resolver aquele problema, procuravam remédios para pés pesados e alma acorrentada. E a menina foi ficando doente. Muito doente.

Até que um dia, chegando de uma de suas viagens, a menina viu, caído perto da casinha branca, um livro brilhante. Refletia os raios do sol, e tinha letras douradas. Curiosa, começou a ler e viu que as aventuras descritas nele se pareciam muito com as dela. E até falava sobre encontros com pessoas que faziam os pés da gente pesados e a alma acorrentada...

Contos que Curam

Curiosa, queria logo saber o final... que contava um segredo, uma receita mágica para pés pesados e alma acorrentada. E era bem simples: se a pessoa colocasse os pés na direção do sol nascente, pela manhã, as borboletas viriam para enfeitar suas sapatilhas, deixando seus pés leves, livres como as borboletas do vale, e ficaria livre daquelas palavras enrugadas que pareciam correntes na alma. Ela queria logo experimentar. Na manhã seguinte, ao nascer do sol, pôs os pés em sua direção... e não é que deu certo...

Aprendeu a deixar os pés leves, enfeitados de borboletas brilhantes, e a alma sem aquelas correntes pesadas. E podia agora viajar sem medo de novos encontros com gente de palavras enrugadas. Ela aprendeu a perdoar. Agora era livre!

Oficina do perdão

Objetivo: o intuito desta oficina é promover o perdão como uma ferramenta capaz de romper as correntes de dor emocional e levar à compreensão de que conceder perdão aos que nos causam danos, tristeza e dor, e a nós mesmos confere liberdade e leveza à vida. Enfatizando que não há idade limite para que a liberdade aconteça.

Os elementos simbólicos do conto "A menina de pés pesados" servirão de semente para despertar o conhecimento. Utilizaremos uma atividade didática para desenvolver ainda mais a mensagem que desejamos ensinar. O perdão é uma necessidade do ser humano, e a atividade proposta pretende contribuir ao desenvolvimento da autoestima, construção da liberdade, assertividade e otimismo dos participantes.

A oficina está dividida em quatro partes

Parte 1. Introdução: uma breve conexão dos participantes com o conto por meio de perguntas sobre o tipo de corrente que eles conhecem, se sabem dar nós de elos, com que tipo de material acreditam que se possa fazer correntes.

Parte 2. O conto: criado para o desenvolvimento desta oficina e possui elementos simbólicos que serão detalhados adiante.

Parte 3. Atividade didática: "Sapatilhas com Asas" foi projetada com o objetivo de conectar-se emocional e simbolicamente de forma sensorial com os participantes.

Parte 4. Conclusão: a atividade será encerrada com a leitura ou narrativa de uma poesia de cordel, de autoria de Bráulio Bessa (ou outro poema que fale de perdão, que seja de sua preferência).

• Dependendo do grupo com o qual irá trabalhar, também pode ser feita uma quinta parte, que seria uma análise da vivência, em que os participantes podem dizer como se sentiram depois da atividade (recomendável para grupos de profissionais da educação, grupos em terapia, adultos ou idosos, se ficar claro que se expressam sem constrangimentos e que poderão aproveitar as experimentações dos parceiros para crescimento pessoal). Siga as instruções propostas, mas permita-se guiar por suas intuições e conhecimentos para adaptar a atividade ao seu modo de trabalhar e ao público ao qual se dirige.

Parte 1 – Introdução

Para que os participantes possam se conectar com os conceitos utilizados no conto, leve um pedaço de corrente e pergunte se sabem como são feitas, de que materiais podem ser feitas e para que servem (provoque o conhecimento – para amarrar bicicletas, nas trações de veículos, para içar objetos pesados, ancorar navios etc.). Aproveite o ambiente que será criado com as participações para ampliar suas percepções sobre o grupo. Esse é um momento importante, que os ajudará a se conectar com o conto e com os símbolos que terão contato.

Parte 2 – O conto

A menina nos representa – somos protagonistas de nossa própria história e cada um carrega suas experiências marcantes: algumas que tentam nos aprisionar e outras que nos libertam. A casinha branca representa a segurança de nosso lar, de nossa família. A viagem de aventura representa o tempo que passa para nós, e, à medida que vamos crescendo e amadurecendo, abrimos sempre novos caminhos, construímos novos relacionamentos, a vida fica mais intensa. As palavras enrugadas são as dores e mágoas que acumulamos dos relacionamentos. O livro representa pessoas que vivem histórias semelhantes à nossa, e que podem nos ensinar o segredo para a liberdade da alma: o perdão!

Nessa parte, conte a história aos participantes e depois faça perguntas que os ajudem a exteriorizar o que entenderam. Por meio das respostas obtidas, você poderá ter uma visão do mundo simbólico de cada participante e do grupo. Também poderá ajudar a identificar em que ponto do crescimento pessoal o participante se encontra. Algumas pessoas possuem um mundo simbólico muito rico, outras nem tanto; e isso se projetará na interpretação que elas darão ao conto e na prática individual da atividade.

2.1 – Leitura do conto "A menina de pés pesados".

2.2 – Perguntas para despertar o conhecimento:

- O que você entendeu da história?
- Se a menina é um símbolo, quem ele representa?
- Se a casinha branca é um símbolo, o que ela representa?
- Se a corrente é um símbolo, o que ela representa?
- O que representam as sapatilhas enfeitadas de borboletas?

Parte 3 – Atividade didática "sapatilhas com asas"

Para desenvolver essa atividade, você precisará de um par de meias / sapatilhas pretas para cada participante – tamanhos médios para o público atendido, retalhos de malha coloridos: lisos e estampados, retalhos de malha brancos, miçangas, laços de fita, agulhas, linhas para pesponto, canetas de escrita permanente coloridas e um pequeno tapete para cada participante, caso o piso não seja de textura e temperatura confortável.

Comece essa parte introduzindo uma mensagem como esta:

"Somos seres únicos, distintos completamente de qualquer outro, irrepetíveis, mas não somos ilhas isoladas: somos seres que se encontram e atravessam juntos as estradas da vida. Dizem que somos o resultado de encontros alegres, de outros inusitados e, ainda, dos que causam dores. Dores que logo acabam, profundas, e dores que passam muito tempo na gente. E nos encontros mais íntimos, aqueles que temos conosco, precisamos aprender a ofertar e receber. É importante aprender a receber só aquilo que nos faz bem, e ofertar só aquilo que faz bem ao mundo. Ninguém, absolutamente ninguém, poderá viver os seus sonhos, a sua história, em seu lugar. Faça isso com maestria e liberdade!".

Peça aos participantes para se descalçarem. Coloque sob seus pés um tapetinho, para que se sintam confortáveis, e inicie a atividade.

1. Distribuir os pares de sapatilhas para cada participante: você está recebendo um par de sapatilhas. Elas representam seus pés, cansados dos tropeços, das dores e mágoas que carregou até agora.

2. Decorar as sapatilhas: agora, cada um vai colocar nas suas sapatilhas retalhos que representem sua alegria, sua serenidade, seu poder de decisão sobre o que deseja levar em sua caminhada. Escolha como representar os desafios que já venceu, as suas conquistas, a sua personalidade e a forma como você é ou sente. Com essas sapatilhas, terá o "poder de voar" todas as vezes que precisar se mover para longe de suas dores.

3. O material de apoio: o participante terá acesso a esse material, que podem ser as miçangas e laços de fita que darão o acabamento dos retalhos.

4. Os retalhos: cada um vai escolher retalhos de tecidos coloridos, lisos e/ou estampados, e aplicar nas suas sapatilhas de forma que representem pequenas "asas brilhantes" para conduzi-los de maneira mais leve e suave por novos caminhos de paz interior e perdão. Essas "asas" representam as mensagens que recebemos e entregamos ao longo da vida.

5. Sobre as mensagens: (os tecidos estarão distribuídos em caixas separadas com identificação pelo tipo de mensagem, e você deve fazer uma breve abordagem a respeito delas). Durante as nossas vivências diárias, nos contatos com as pessoas, vivemos situações diversas que geram "mensagens" que recebemos e ofertamos. Algumas serão boas para o nosso desenvolvimento pessoal, outras nem tanto, e ainda haverá aquelas muito prejudiciais (as que devem ser perdoadas). Que mensagens você escolhe para acompanhá-lo na sua caminhada? Escolha os tecidos de acordo com suas convicções do que quer para si e para o mundo...

5.1. Mensagens acolhidas – use tecidos de cores alegres, vibrantes, variadas, muitas opções: representam as mensagens que você recebe e que fazem carícia na alma, que o ajudam a ser uma pessoa melhor, o incentivam, o mantêm animado e motivado;

5.2. Mensagens não aceitas – use tecidos sujos, manchados, e poucas opções: pegue um dos tecidos dessa caixa, entregue a um participante e seja firme na orientação: ele deve entregar a mensagem para um dos colegas. Essa parte da atividade tem por finalidade atingir dois objetivos: o primeiro é saber dizer não às motivações que nos induzem a ser mensageiros do que é negativo ou prejudicial ao outro; e o segundo é saber dizer não para o que pode ser danoso ou prejudicial a nós mesmos ou ao outro. É uma prática de empatia e confirmação de autoestima. Se o participante se negar a receber ou entregar a mensagem, você o parabeniza, porque foi assertivo e empático. Poderá haver, no entanto, pessoas que aceitarão entregar ou receber a mensagem, por se sentirem intimidadas pela situação, pela pressão social. Nesse momento, proponha uma reflexão sobre o nosso poder de escolha: nenhuma situação ou pessoa pode nos obrigar a ser mensageiros da negatividade, incentive o bem, sempre;

5.3. Mensagens que eu oferto – use tecidos especiais, se possível com algum brilho, de cores que remetam à bondade, alegria, serenidade: eles devem ficar numa caixa fechada a princípio, pois durante a atividade você passa pelos participantes e eles escolhem um que não vão usar, devem ofertar (todos os participantes devem ter um deles) e dizer ao colega o desejo que entregam naquele retalho;

6. Os retalhos brancos: cada participante deve eleger quantos forem necessários, e vai intercalá-los entre os coloridos, onde escreverão (com caneta de tinta permanente) seus desejos de bem para as pessoas que lhes causaram dores emocionais, e a quem estejam perdoando (não precisam identificar as pessoas).

Parte 4 – Conclusão

Durante toda a atividade, é sugerido que haja música que inspire a criatividade e o momento de reflexão. No hora da conclusão, o facilitador pedirá que os participantes calcem as sapatilhas que produziram, e a música deve ser trocada por alguma mais "allegretto", que inspire movimentos de leveza e envolvimento. Se for o caso, podem levantar e "dançar"!

Você pode sugerir que os participantes calcem suas sapatilhas em situações da vida em que precisarem novamente se empoderar de confiança para perdoar e viver a liberdade do perdão.

A sugestão é concluir a atividade com a poesia de cordel da autoria de Braulio Bessa, ou o poema "Sou Jardim", de Claudine Bernardes, disponíveis no anexo do livro.

Referências

MORALES-GUNDMUNDSSON, Lourdes E. *Eu perdoo, mas... Por que é tão difícil?* Tatuí, SP: Casa Publicadora Brasileira, 2010.

SANTIAGO, Adriana. *O poder terapêutico do perdão: teoria, prática e aplicabilidade do perdão com base científica na psicologia positiva*. São Paulo, SP: Leader, 2017.

Músicas para a atividade: *Canal YouTube – Everton Filho do Rei*. Disponível em: <https://www.youtube.com/watch?v=IPkzSTOuaT0>. Acesso em: 2 de abr. de 2019.

Músicas "allegretto" para liberar a sensação de libertação depois da confecção das sapatilhas: *Canal YouTube – Live Better*. Disponível em: <https://www.youtube.com/watch?v=2nwsD3pV3cE>. Acesso em: 2 de abr. de 2019.

Contos que curam

CAPÍTULO 23

Oficina Protagonismo, autoestima, empoderamento

Esta oficina tem o objetivo de servir como instrumento para o desenvolvimento do protagonismo, da autoestima, da coragem, da automotivação e do empoderamento em adultos.

Potyra Najara

Contos que Curam

Potyra Najara

Atriz, escritora, circense, arte educadora, contadora de histórias, produtora cultural, palestrante e fundadora da NOVA Cia. de Teatro. Professora de teatro e habilidades circenses. Iniciou seus trabalhos no ano de 1999, participou como atriz de mais de 30 espetáculos entre teatro e circo. Publicou dois livros e duas antologias. Participou de diversas produções de cinema e é atriz no canal do YouTube Suzinete & Creuzinete. Formada em artes cênicas pela Universidade do Estado de Santa Catarina – UDESC, pós-graduada em contação de histórias e literatura infanto juvenil. Certificada no MasterMind Lince - Liderança de alta performance, Inteligência Interpessoal e Comunicação eficaz - pela Fundação Napoleon Hill. Mestranda em Contoexpressão pelo Instituto IASE em Valência, Espanha. É confreira na Academia de Letras do Brasil – ALB - Seccional / Suíça. Gestora de cultura, é Diretora do Teatro Municipal Bruno Nitz em Balneário Camboriú, S.C.

Contatos
www.novaciadeteatro.com.br
potyraescritora@gmail.com
Instagram: potyranajara
Facebook: Potyra Najara
(47) 99907-7482

Potyra Najara

Conto
PÉ DE COELHO
Por Potyra Najara

"Eu não sou o que me aconteceu,
eu sou o que escolho me tornar."
Carl Jung

Era uma vez uma família de coelhos. Uma família que se amava muito. Mamãe e papai tiveram uma ninhada com quatro lindos coelhinhos. A família não poderia estar mais feliz. Mas havia algo diferente, o quarto coelhinho, aquele que saiu por último da barriga da mamãe, era muito pequenininho. Mamãe e papai coelho acharam um pouco estranho, três coelhos graúdos e um tão pequetitico. O tempo foi passando e os filhotinhos crescendo. Corriam, brincavam, brigavam, como todo irmão faz, e o mais novo, apesar de ter crescido um pouco, não acompanhava o crescimento dos demais.

Isso fez com os que seus irmãos o chamassem carinhosamente de Pé de Coelho. O que, às vezes, não era tão carinhoso assim. Era um apelido carinhoso por ele ser um coelho e ser tão pequenino e amado, e o pé de coelho ser considerado um pequeno amuleto da sorte pelos humanos. Porém, a família tinha algumas histórias não tão agradáveis assim. Na verdade, o tataravô, o bisavô e o avô dos coelhinhos haviam virado, realmente, apenas pés de coelhos, por que em uma de suas aventuras lá fora, no bosque, algum humano os havia capturado, e os transformado em apenas um amuleto para ser vendido em forma de chaveiro na feira de antiguidades.

E era por isso que o papai coelho não deixava que os seus quatro filhotinhos brincassem na rua sozinhos. Os filhotes continuavam crescendo, exceto ele, o Pé de Coelho, que continuava muito, mas muito pequeno.

Como eles já tinham mais idade, e já eram rapazinhos, Pé de Coelho começou a perceber que ser chamado assim o estava deixando muito triste. Ele se sentia inferior; que não era tão bom, tão esperto, tão capaz quanto seus três irmãos. Os familiares em volta não percebiam que ele estava se sentindo assim porque todos o amavam, achavam ele o mais fofo da família, e ele se sentia cada vez mais triste e desnecessário diante de valentes, fortes e peludos coelhos.

Contos que Curam

Um dia a mamãe e o papai coelhos estavam descansando e os três irmãos mais velhos resolveram se aventurar pelo bosque. Eles já tinham tentado outras vezes, mas não tiveram coragem, pois sabiam das histórias que os seus pais contavam sobre seus avós. Mas, nesse dia, os irmãos sabiam que havia uma feira de antiguidades nas redondezas e queriam ver de perto como era.

Pé de Coelho ficou de longe observando os irmãos combinarem a fuga, quando decidiu se aproximar dos três eles gritaram ao mesmo tempo:

— Não, você não vai!

O irmão mais velho continuou:

— Você é muito pequeno e não vai conseguir fugir se algo ruim acontecer.

O irmão do meio prosseguiu:

— Você não tem capacidade de sair por essa porta afora, é tão mirradinho.

E o outro irmão completou:

— Você é muito "fracote" para uma aventura como essa.

Os três riram juntos e, rindo assim, saíram aos saltos para o bosque, deixando o irmãozinho mais novo triste e solitário. Os irmãos falaram daquele jeito, não porque não amavam o mais novo, mas justamente para protegê-lo.

O coelhinho foi à janela para ver até onde os irmãos conseguiriam chegar, e olhou até que os três desaparecessem em meio às árvores da floresta. O que aquela família não sabia é que aquele coelhinho era muito sensível e percebia quando algo ruim poderia acontecer, além disso, tinha um olfato tão aguçado que poderia rastrear os passos dos irmãos apenas pelo cheiro do pelo deles no ar. Naquele momento, o coelhinho teve uma sensação ruim e decidiu seguir os irmãos. Mas foi muito, muito difícil ele criar coragem para cruzar a porta da rua, as palavras dos três ecoavam na sua cabeça e, principalmente, o apelido que o deixava envergonhado e triste. Viu que a porta estava entreaberta, respirou fundo e buscou a coragem que não tinha para sair. Saiu.

Correu em direção à floresta e, sentindo o cheiro dos irmãos, seguia confiante de que o caminho estava certo. De repente, ouviu um gemido alto de coelho, parou atrás de uma árvore e espiou com o rabinho dos olhos. Que cena assustadora o coelhinho viu! Os três irmãos tinham sido presos por três armadilhas diferentes, estavam suspensos no ar e se debatendo tentando sair, mas era impossível abrir uma brechinha sequer daquela armadilha tão bem montada.

Então, o coelhinho mais novo seguiu rapidamente com os olhos o cabo que sustentava as armadilhas nas alturas, viu que as três eram presas pelo mesmo cabo, e que o final dele dava em uma toquinha muito pequena, que só poderia ser alcançada por alguém muito pequeno também.

Potyra Najara

Pé de Coelho respirou fundo e juntou toda a coragem que tinha conquistado, saiu correndo e foi direto à minúscula toca; num salto, entrou e destravou o gatilho que sustentava o cabo que prendia as armadilhas, e elas foram automaticamente desarmadas. Os irmãos voltaram ao chão, se olharam, correram na direção um do outro e se abraçaram, procuraram em volta para descobrir quem tinha sido o seu salvador. Quando o viram gritaram ao mesmo tempo: Pé de Coelho!

Os quatro voltaram pra casa o mais rápido que puderam, quando se viram seguros dentro do seu lar, o irmão mais velho disse:

— Você nos salvou, irmãozinho.

O irmão do meio falou:

— Achei que teríamos o mesmo destino dos nossos avós, mas você nos tirou de lá.

E o terceiro irmão enfatizou:

— Você sempre foi o nosso pé de coelho, o nosso amuleto da sorte, nós temos muito orgulho por você nos proteger todos esses anos com a sua doçura e gentileza.

Quando os pais acordaram, os três filhos mais velhos contaram tudo o que havia acontecido, e era tanta alegria naquela casa, que os pais nem se deram o trabalho de brigar com eles por terem saído sozinhos, sabiam que eles já tinham aprendido sobre os perigos da floresta. Com muita emoção, a família toda jogava o pequeno Pé de Coelho para cima e gritava palavras de amor.

Pé de Coelho jamais havia se sentindo tão extraordinário, agora sabia o quanto era importante para cada um deles.

A partir desse dia, a mamãe coelha colocou um lindo retrato de seu filho mais novo na mesa de centro da sala e fazia questão de contar pra todo mundo o grande amuleto da sorte que ele era desde que nasceu.

Oficina "Protagonismo, autoestima, empoderamento"

Objetivo: esta oficina foi idealizada pela autora Potyra Najara com a finalidade de servir como instrumento para uma prática que ajude a desenvolver o protagonismo, a autoestima, a coragem, a automotivação e o empoderamento em adultos. Por meio do conto, despertar a criança interior e resgatar emoções e sentimentos que serão elaborados no decorrer do trabalho.

A oficina está dividida em cinco partes

Parte 1 – Introdução: vai ajudar a criar um ambiente tranquilo e seguro. Será feita a apresentação de cada participante do grupo para gerar interação e, logo após, um exercício de conexão com as emoções;

Contos que Curam

Parte 2 – Conto: criado com o intuito de despertar em cada espectador o seu potencial interior, trazendo à luz a capacidade individual inerente ao ser humano. Foi concebido para esta oficina podendo ser usado também para a contação de histórias;

Parte 3 – Atividade didática: será confeccionado um chaveiro - um amuleto da sorte e uma lista de importâncias. Foi desenvolvida pela autora com o objetivo de conectar-se emocional e simbolicamente com os participantes;

Parte 4 – Devolutiva do grupo: neste momento, as pessoas que se sentirem confortáveis podem, uma a uma, explanar as sensações e experiências que tiveram durante a oficina;

Parte 5 – Oficina aplicada ao *bullying*: este conto e esta oficina também podem ser trabalhados no âmbito escolar, ao tratar do tema *bullying*. O conto oferece a possibilidade de compreender o olhar da pessoa para si e para o outro. A história sensibiliza o espectador, podendo ser eficiente a partir da abordagem desta temática (vide anexo 3).

Parte 1 – Introdução

A partir do conto Pé de Coelho podemos trabalhar as emoções de maneira lúdica, imaginativa e eficiente. Para iniciar, a facilitadora precisa criar um ambiente de proximidade e de empatia com os participantes.

Pede para que todos se sentem no chão em círculo, e se apresentarem um a um, falando o nome e o que esperam da oficina.

Após as apresentações, solicita que todos fechem os olhos e prestem atenção em cada pergunta que será feita, para respondê-las, sem precisarem falar em voz alta.

Fala da facilitadora: "gostaria que cada um de vocês fechasse os olhos e prestasse muita atenção nas perguntas que eu farei. Essas podem ser respondidas mentalmente, mas não precisam ser faladas em voz alta. Eu quero que vocês se recordem de situações que aconteceram na infância, ou na vida adulta, na escola, na família, com amigos, ou mesmo dentro de casa. Quantas vezes você já se sentiu menor ou inferior por algo que falaram a seu respeito? (pausa). Quantas vezes essas palavras foram mais influentes nas suas emoções do que as suas reais qualidades? (pausa). Quantas vezes as suas qualidades foram subestimadas por alguma palavra que feriu seu coração? (pausa)".

Após esse momento, a facilitadora faz uma pequena explanação de algo que aconteceu na vida dela, uma situação referente às perguntas, que ela viveu realmente e como isso a fez se sentir. Sempre que abrimos o nosso coração e os nossos sentimentos sinceramente, construímos uma ponte de aproximação com o outro, e assim podemos nos conectar com maior facilidade. Por esse motivo, é muito importante que esse relato verdadeiro seja compartilhado pela facilitadora. Abre possibilidades legítimas de cura, empatia e transformação.

(Relato da história vivida pela ministrante de 5 a 10min).

Fala da facilitadora após o relato: "O conto que vamos ouvir agora nos leva a compreender que, por vezes, deixamos de ouvir a nossa voz, admirar as nossas virtudes, praticar o amor-próprio, e nos respeitar por causa de uma pessoa ou situação. Mas, hoje, você vai entender que é a pessoa mais importante que existe e, para isso, não precisa ser igual a ninguém, apenas você sinceramente e valorizar a pessoa que é e que está se tornando. Você pode, você é capaz, você é sensacional!".

Parte 2 – Conto: Pé de Coelho

Parte 3 – Atividade didática "Amuleto da sorte"

Atividade: colocar uma música instrumental durante a prática da oficina, para criar uma atmosfera calma e intimista.
Tema: protagonismo, autoestima, empoderamento.
Materiais a serem disponibilizados pela oficina:
- Cartolina ou papel cartão de várias cores;
- Canetas de várias cores;
- Cola, tesouras, folha A4;
- Argola de chaveiro;
obs: pedir aos participantes, antecipadamente, uma foto 3x4.

Etapa 1: confecção de um chaveiro, um amuleto da sorte. Todos recortarão um coração e, no meio, colarão a foto 3x4. Caso algum participante não leve a foto, pode escrever o nome em um pequeno pedaço de papel separado e colar no centro do coração. Depois disso, irão colocar no coração a argola de chaveiro no vão entre as duas partes superiores arredondadas.

Pedir para cada um segurar o seu chaveiro e olhar pra ele, pois agora é um amuleto da sorte, assim como é considerado também o pé de coelho.

Texto para leitura da facilitadora: "cada um de vocês é o seu próprio amuleto da sorte, seu e de todos que estão a sua volta. Por mais que se sinta, por vezes, triste, diminuído, desvalorizado, com baixa autoestima, você é muito poderoso, porque é repleto de qualidades que o fazem importante e valoroso como é".

Etapa 2: cada participante pega uma folha A4 e escreve cinco qualidades. Depois mais cinco diferentes. Para algumas pessoas pode ser difícil encontrar mais qualidades e esse é justamente o exercício, levá-las a nomear as que, por vezes, são esquecidas.

Etapa 3: os participantes irão dobrar o papel em um quadrado pequeno e segurá-lo entre as palmas das mãos como algo muito valioso.

Contos que Curam

Texto para leitura da facilitadora: "cada vez que você se sentir triste, desmotivado, desvalorizado, com baixa autoestima, vai pegar este pequeno papel e ler palavra por palavra, qualidade por qualidade até lembrar quem é de verdade. E esse chaveiro vai andar com você onde for, se não quiser carregar na chave, pode levar na bolsa, para sempre lembrar que você é Pé de Coelho, o maior amuleto da sorte que poderia existir. Você é o que está dentro de você, você é incrível!".

Parte 4 – Devolutiva do grupo

Nesse momento, a facilitadora oferece o espaço para que os participantes compartilhem as experiências que tiveram ao ouvir o conto e ao participar da atividade didática. Eles podem ler para os colegas ou falar a partir do que lembram e do que flui na mente e no coração. Este é um momento muito importante, porque ao compartilhar com o outro e falar em voz alta sobre os *insights* que teve, o participante terá mais facilidade para elaborar e compreender as emoções que o levaram até ali.

No momento da oficina, muitas memórias tristes podem surgir e é nesse instante de devolutiva que serão elaboradas de forma mais facilitada no ato de compartilhar.

O psiquiatra Luís Rojas Marcos, em seu livro *La fuerza del optimismo*, afirma a importância de verbalizar sobre as dores sentidas: "coloquem em palavras e relatem a experiência vivida, porque isso lhes permite diminuir a intensidade e transformá-la em lembranças mais delicadas sob o controle da memória verbal".

Na devolutiva, cole nas paredes em volta frases que embasam a oficina até aqui. Deixe as folhas previamente preparadas e peça para os participantes lerem em voz alta. Seguem algumas sugestões (vide anexo 1).

Após a participação de todos que quiseram falar e contribuir para esse momento, a ministrante fará a leitura do texto de Nelson Mandela e, na sequência, entregará a cada um a cópia impressa, para que levem a suas casas (vide anexo 2).

Parte 5 – Oficina aplicada ao tema *bullying* (vide anexo 3)

Acesse o material complementar disponibilizado no anexo do livro.

Contos que curam

Capítulo 24

Oficina da autoaceitação

Esta oficina tem como objetivo desenvolver a individualidade, a autoaceitação e a coragem de se colocar em grupo como realmente é, sem medo de comparações ou julgamentos. Por meio do conto "A Concha Sol", introduziremos os elementos simbólicos para trabalhar sentimentos que, se forem abordados fora do contexto lúdico, podem causar resistências ou bloqueios psicológicos.

Priscila Dutra Seixas

Contos que Curam

Priscila Dutra Seixas

Psicóloga graduada pela Universidade Fumec, secretária executiva trilíngue graduada pela Universidade Federal de Viçosa com pós-graduação em Administração de Empresas pela Fundação Getulio Vargas. Experiência no atendimento psicológico: Plantão da Delegacia da Mulher, do Idoso e do Deficiente, Aplicação e Avaliação de Testes Psicológicos e atendimento psicoterapêutico na Clínica Escola da Universidade Fumec. Trabalho de conclusão de curso voltado à análise dos recursos terapêuticos dos contos. Apaixonada pela escrita e pelo poder curativo dos contos com seus simbolismos e metáforas.

Contatos
www.pridutrapsi.com.br
pridutra@yahoo.com.br
Instagram: @pridutrapsi
Facebook/YouTube:
Priscila Dutra - Psicóloga
(31) 98703-3593

Priscila Dutra Seixas

Conto
A CONCHA SOL
Por Priscila Dutra Seixas

"Só aquilo que somos realmente tem o poder de curar-nos."
Carl Gustav Jung

Era uma vez uma concha do mar muito bonita. Ela tinha alguns raios amarelos em sua casca e, por isso, mesmo quando estava no escuro, esses raios brilhavam e chamavam atenção. Mas ninguém na família era assim. Por isso, não demorou muito para colocarem o nome dela de Sol, já que esse efeito que ela tinha fazia todo mundo se lembrar do sol.

Apesar de seus raios brilhantes que chamavam atenção, Sol era muito tímida, achava que por conta desses raios tinha algo de diferente com ela e, por isso, ficava em um cantinho, bem escondida lá no fundo do mar, observando sua família, fazendo suas leituras, imersa em seus pensamentos e reflexões.

A concha Sol tinha uma prima muito sapeca, que não parava quieta e que geralmente era o centro das atenções. Essa concha era tão agitada que até incomodava as pessoas e, algumas vezes, apesar de as pessoas gostarem desse jeito espevitado dela, pediam:

— Concha Espoleta, por favor, pare um pouco!

Ela se movimentava tanto no fundo do mar que a areia ia subindo, subindo e a visão da família ficava embaçada, a água ficava turva com aquela confusão.

E todo mundo ficava tão ocupado tentando fazê-la parar que ninguém se via mais! Ficavam todos por conta da Espoleta!

A concha Sol era tão diferente, tão quieta, que as pessoas se perguntavam:

— Como elas podem ser conchas da mesma família e serem tão diferentes? Elas deveriam ser iguais! Nasceram juntas, foram criadas juntas, tudo do mesmo jeito. Será que a Concha Sol está se escondendo do mundo? Será muita timidez?

Um dia, querendo ajudar a Concha Sol a se relacionar melhor com as pessoas, a ficar mais desinibida como a Concha Espoleta, a família fez uma surpresa!

Contos que Curam

Em uma festa, chamaram a concha Sol, que era muito tímida, e pediram:
— Concha Sol, você sempre lê tantos livros, poesias... Recite uma poesia para nós!

A Concha Sol se sentiu apavorada com a situação e pensou:

Gosto de participar de pequenas reuniões e não de falar assim para tanta gente! E agora? E se eles acharem a minha poesia muito simples? Será que eu terei que movimentar a água igual à concha Espoleta para ter a atenção deles? Mas eu não sei fazer isso! E também não quero ser assim! Eu gosto de calma, paz, tranquilidade. Não gosto de ser o centro das atenções!"

A Concha Sol deu um grito e saiu correndo. Trancou-se em seu quarto e não quis falar com mais ninguém.

A família ficou sem saber o que fazer com aquela atitude. E brigou com ela. Eles a questionavam:
— Por que você não é igual a Espoleta? Você é muito diferente! Não sabemos lidar com você!

O tempo foi passando, a família sempre falava isso para Sol.

Sol ficava angustiada e pensando que realmente havia algo de errado com o seu jeito de ser, que ela tinha de ser igual a Espoleta. E isso a foi deixando muito triste, desanimada, sem vontade de conversar com ninguém, afinal, pensava:

"Se eu não sou igual a Espoleta, não sou interessante! O que eu tenho para oferecer? Vou dar um jeito de ir embora desse lugar, vou encontrar uma outra família, outros amigos para conversarem comigo e poder ser quem eu realmente sou!".

Mas Sol tinha muito medo de se mostrar como realmente era. Tinha muito medo de não ser aceita.

Então, fez um pequeno recife em torno de si e não deixou que ninguém se aproximasse dela. Pensou:

Já que todos só me julgam, só me comparam com a Espoleta, eu vou viver sozinha! E os raios amarelos da sua casca começaram a se apagar de tanta tristeza...

Tomar essa decisão foi muito doloroso...

Como Sol não queria contato com ninguém, ela, que já amava ler, fez dos livros seus grandes e únicos companheiros!

Ela pensava:

"Ah, os livros! Os livros são excelentes amigos, não nos julgam, não são barulhentos, nos contam histórias muito parecidas com as nossas... Olha que engraçado! Será que todo mundo está em uma constante luta?".

E em um desses livros, uma reflexão chamou sua atenção:

"Na vida, alguns caminhos precisam ser feitos individualmente. E isso vai nos causar um medo muito grande. Precisamos de espaço e tempo para que possamos descobrir a nossa essência, o que é realmente importante para nós e isso, muitas vezes, pode levar toda uma vida.

Priscila Dutra Seixas

Várias vezes, quanto mais a gente olha pra dentro, mais perguntas surgem, e muitas delas ficam temporariamente sem resposta. Só lá na frente vamos ter a capacidade de compreender. Porque viver é isso, ter mais perguntas do que respostas. E isso que é bonito na vida, porque são as perguntas que nos fazem caminhar e não as respostas".

Conforme Sol lia mais e mais livros, começou a perceber e entender que é importante olhar para si mesma e cuidar de si. A individualidade é importante e, muitas vezes, a individualidade precisa ser conquistada. Não somos todos iguais. Em um sobressalto, falou em voz alta.

— Sim, conquistada!

Sol percebeu que muito dos seus problemas vinham do fato de ela não se aceitar como diferente!

"Se não me aceito diferente, como a minha família vai me aceitar? Se eu me julgo o tempo todo, se nunca me considero boa o suficiente, como vou me relacionar com os que estão ao meu redor? Precisamos uns dos outros para viver e ninguém é perfeito!"

Nas histórias que lia, foi percebendo que os personagens não conseguiam viver sozinhos o tempo todo e que muitos cresciam e tinham um final feliz, no atrito, no relacionar-se com as pessoas!

Sol percebeu que atrito não era falta de amor! Muito pelo contrário! E que, quanto mais se aceitava, mais entendia o medo das pessoas de ser diferente das outras e que realmente é um desafio ser autêntica!

"E olha que interessante: quanto mais eu pareço diferente, mais as pessoas querem se aproximar, apesar de nem sempre me entenderem!"

Então, conforme Sol ia se conhecendo e ampliando seu olhar por meio dos livros cheios de histórias com personagens e dilemas tão semelhantes aos dela, aquele recife que havia construído em volta de si mesma foi se desfazendo.

Os raios amarelos na sua casca, aos poucos, voltaram a brilhar!

A Concha Sol se sentia tão feliz por dentro que toda aquela angústia e tristeza de outrora se transformaram em lindas pérolas! Sim, pérolas! Sol as compartilhava com todos os que se aproximavam, fossem eles desconhecidos ou familiares. E quanto mais ela se permitia compartilhar o que tinha dentro de si, mais pérolas surgiam!

Sol descobriu que, quando nos cuidamos, aceitamos nossas qualidades e dificuldades, quando aprendemos a nos amar, tudo o que está ao nosso redor se transforma.

Sol concluiu:

"Espere, não foi o mundo que mudou, mas, sim, o meu olhar!".

Oficina da autoaceitação

Objetivo: esta oficina tem como intuito desenvolver a individualidade, a autoaceitação e a coragem de se colocar em grupo como realmente

Contos que Curam

é sem medo de comparações ou julgamentos. Por meio do conto "A Concha Sol", introduziremos os elementos simbólicos para trabalhar sentimentos que, ao falarmos direta e abertamente sobre eles, poderiam causar resistências ou bloqueios psicológicos no ouvinte.

Para que uma pessoa conquiste a sua individualidade e se aceite como é, ela precisa compreender que cada um de nós tem um caminho. O caminho do outro não é necessariamente o caminho perfeito. Por essa razão, trabalharemos bastante o fortalecimento da autoaceitação.

A oficina está dividida em cinco partes

Parte 1 – Introdução

O(a) facilitador deve conectar os participantes com os termos utilizados no conto, perguntar para eles se eles sabem o que é uma concha do mar, se eles gostavam de catar conchas quando eram crianças e falar que o conto é sobre uma concha do mar. Mostrar uma concha feita de qualquer material ou até mesmo foto para os participantes.

Parte 2 – Conto

Criado para trabalhar os sentimentos de autoaceitação, individualidade e coragem de ser diferente, autêntico.

* As informações que seguem abaixo servirão para que a facilitadora conheça mais sobre o tema e sobre os símbolos contidos no conto, para que tenha mais liberdade e conhecimento na hora de aplicar a oficina.

Os contos nos falam dos grandes dilemas existenciais, comuns a todos os seres humanos e que muitas vezes não conseguimos expressar. Os contos podem ser trabalhados com crianças de todas as idades. Entrar em contato com o conto, pela audição ou pela leitura, é uma forma de nos abrirmos para a reflexão. As metáforas e a linguagem simbólica contida nos contos são instrumentos poderosos com materiais da mesma natureza dos sonhos, que nos permitem a reconexão conosco.

A concha: na psicologia analítica de Carl Gustav Jung, a *persona* é a face social que o indivíduo apresenta ao mundo, a máscara que utilizamos, e isso não significa algo ruim, é instrumento para nos relacionarmos com o mundo. A sociedade, o meio em que vivemos, espera que desempenhemos um papel. No conto, a concha Sol simboliza a luta que todos nós vivenciamos para mostrar ao mundo nossa verdadeira natureza, independentemente de padrões, comparações ou do que as pessoas à nossa volta esperam.

Quanto mais autênticos, verdadeiros com a nossa natureza, conseguirmos ser, mais felizes nos tornaremos. Por mais que precisemos desempenhar papéis para vivermos em sociedade, necessitamos da nossa individualidade e autoaceitação.

O sol: neste conto, o sol e seus raios brilhantes simbolizam o autoconhecimento, a autoiluminação, o poder da autoaceitação. Quando, no conto, a concha volta a brilhar, é porque finalmente houve a autoaceitação.

Os livros: simbolizam, no conto, um companheiro de jornada na busca do autoconhecimento. Ler alimenta a alma, nos aproxima de nós mesmos, nos torna mais humanos, nos ajuda a ter sabedoria para compreender a nós mesmos e aos outros.

O mar: simboliza a vida e sua dinâmica, as mudanças, os redemoinhos que surgem e que temos de enfrentar, que frequentemente nos obrigam a mudar e que lá na frente iremos entender que tudo aconteceu por um propósito especial: o nosso encontro com o nosso verdadeiro eu, cheio de luz e potencialidades como a concha Sol.

Pérola: no conto, simboliza a luz do coração. Para que surja a pérola dentro da concha, é necessária a busca do autoconhecimento e da autoaceitação.

Parte 3 – Atividade didática

— Durante toda a atividade, colocar uma música suave, com o barulho do mar.

— Levar pequenas conchinhas feitas de material EVA ou de papel e entregá-las para cada participante junto com uma caneta. Na *Internet*, existem vários moldes que você pode usar para recortar e fazer as conchas. Nas referências no fim deste capítulo constam alguns *links* para criação das conchas e música da oficina.

— Pedir aos participantes que escrevam dentro das conchas várias características que eles têm que os tornam especiais e depois pedir que compartilhem com o grupo quais características colocaram dentro de suas conchas e por que as consideram especiais, mesmo que essas características possam ser consideradas inicialmente negativas.

Parte 4 – Conclusão

— Finalizar a atividade lendo um pequeno texto ou poema. Como sugestão pode ser lida a seguinte reflexão:

"A beleza de ser imperfeito
A beleza de se aceitar, do dar-se conta de que não há certo nem errado, mas sim o que conseguimos fazer naquele momento.

Contos que Curam

Na vida, existem vários caminhos... Temos a mania de procurar por atalhos, de nos procurar nas outras pessoas, nos padrões, de nos enganar, de não olhar para dentro.
Medo.
Queremos fugir da responsabilidade, de um processo que nunca tem fim e só cabe a nós.
Estamos em construção.
A nossa beleza é ser do jeito que somos. Sem comparações.
Quando começamos a entender isso, nos tornamos mais leves, a vida fica mais bonita mesmo com toda sua imperfeição.
Nossa concha se torna cheia de raios brilhantes."

Parte 5 – *Feedback*

Pedir aos participantes que guardem a concha com carinho para que sempre se lembrem da importância de nos aceitarmos como realmente somos.
Junto com o grupo, fazer uma análise da vivência, pedir aos participantes que falem o que sentiram depois da atividade.

Referências
BETTELHEIM, Bruno. *A psicanálise dos contos de fadas*. Rio de Janeiro/ São Paulo: Paz e Terra, 2017.
EUTRÓPIO, Maria Teresa Soares. *Construindo metáforas e histórias terapêuticas*. 4. ed. Belo Horizonte: Letramento, 2016.
JULIANO, Jean Clark. *A arte de restaurar histórias. O diálogo criativo no caminho pessoal*. São Paulo: Summus Editorial, 1999.
JUNG, Carl Gustav. *O homem e seus símbolos*. Rio de Janeiro: Nova Fronteira, 2008.
Concha de Eva. Disponível em: <https://www.youtube.com/watch?v=k6Q_Uq_1Lf-g&feature=youtu.be>. Acesso em: 8 de dez. de 2018.
Concha em formato de papel (origami). Disponível em: <https://www.youtube.com/watch?v=1jotk2pHRIM&feature=youtu.be>. Acesso em: 8 de dez. de 2018.
Molde de concha. Disponível em: <http://1.bp.blogspot.com/-zEY4IGTUaUk/VUyUB1ZGRpI/AAAAAAAAAYk/31Gv7uFlpfY/s1600/IMG_20150508_065550.jpg.>. Acesso em: 8 de dez. de 2018.
Música para relaxar – *Aquário virtual com piano ao fundo*. Disponível em: <https://www.youtube.com/watch?v=FEDyZWepC0A>. Acesso em: 8 de dez. de 2018.

Anexos

Materiais complementares para as oficinas

Escaneando o QR *code* abaixo com seu celular, você terá acesso aos materiais complementares das oficinas.

Nem todas as oficinas necessitam de um complemento para sua aplicação, mas algumas requerem moldes, modelos ou fotos demonstrativas para trazer mais clareza e para apoiar o(a) facilitador(a) na hora do preparo ou da realização da oficina.

Os anexos foram organizados de acordo com os capítulos, na mesma ordem em que aparecem no livro, separados conforme o público-alvo:

- **Contos que curam CRIANÇAS**
- **Contos que curam ADOLESCENTES**
- **Contos que curam ADULTOS**

215

Índice por tema

Contos que curam crianças
1 - **Aprender a comer brincando:** capítulo 8 – p. 73
2 - **Autoaceitação e aceitação do outro:** capítulo 7 – p. 65
3 - **Autoconhecimento:** capítulo 5 – p. 49
4 - **Construção de identidade e vínculos familiares:** capítulo 9 – p. 81
5 - **Gratidão:** capítulo 6 – p. 57
6 - **Integração psicossocial:** capítulo 2 - p. 23
7 - **Raiva:** capítulo 4 – p. 39
8 - **Sentido da vida:** capítulo 3 – p. 31
9 - **Valorização dos idosos e das histórias:** capítulo 1 - p. 15

Contos que curam adolescentes
1 - **Autoconhecimento e autoaceitação:** capítulo 10 – p. 91
2 - **Autoestima:** capítulo 11 – p. 99
3 - **Autoestima e resiliência:** capítulo 12 – p. 107
4 - **Formação e rompimento de vínculos:** capítulo 13 – p. 115
5 - **Resiliência:** capítulo 14 – p. 123

Contos que curam adultos
1 - **Aceitação:** capítulo 20 – p. 173
2 - **Autoaceitação:** capítulo 24 – p. 205
3 - **Coerência e integridade:** capítulo 17 – p. 149
4 - **Compaixão:** capítulo 19 – p. 165
5 - **Cura interior:** capítulo 21 – p. 181
6 - **Empoderamento:** capítulo 23 – p. 197
7 - **Perdão:** capítulo 22 – p. 189
8 - **Relacionamento conjugal:** capítulo 16 – p. 141
9 - **Resiliência:** capítulo 18 – p. 157
10 - **Ressignificação de dores e traumas:** capítulo 15 – p. 133